Eva-Maria Bast * Manuela Klaas * Susanne Suchy

Geheimnisse
der Heimat **für Kinder**

50 spannende Geschichten
rund um den Bodensee

edition SÜDKURIER

Bast, Eva-Maria; Klaas, Manuela; Suchy, Susanne

Geheimnisse der Heimat für Kinder: 50 spannende Geschichten rund um den Bodensee

Edition SÜDKURIER
bei: Bücher am Münsterturm, Münsterstr. 35, 88662 Überlingen (verantwortlich)
ISBN: 978-3-9815564-8-3

1. Auflage 2014

Inhalt

🇩🇪 Insel Reichenau

🇩🇪 Radolfzell

🇩🇪 Bodman

🇩🇪 Überlingen

🇩🇪 Meersburg

🇩🇪 Friedrichshafen

🇩🇪 Wasserburg

🇩🇪 Lindau

🇦🇹 Bregenz

🇨🇭 Rorschach

🇨🇭 Arbon

🇨🇭 Romanshorn

Hallo Kinder,

kennt ihr das? Es ist Wochenende oder ihr habt Ferien, alle bekannten Attraktionen sind abgeklappert und niemand weiß, was man noch unternehmen könnte? Immer nur ins Strandbad gehen, ist ja auch langweilig. Und im Herbst oder Winter kann man nichtmal das machen.

Also, ich wohne ja am Bodensee. Immer schon, das heißt seit sieben Jahren. Und ich kenne jedes Fleck-chen. Es gab eigentlich nichts mehr zu entdecken. Dachte ich! Aber dann haben drei Frauen – Eva-Maria Bast, Manuela Klaas und Susanne Suchy – und ich zusammen ein spannendes Ge-heimnis entdeckt. Und uns gedacht: Wo ein Geheimnis ist, muss es doch noch mehrere geben. Zusammen haben wir nach weiteren Geheimnissen gesucht. Und wir haben auch welche gefunden. 50 Stück! Ich kann euch sagen, das war ganz schön spannend! Oder wisst ihr, an welchem Baum sich schon die Mammuts gekratzt haben? Dass in Überlingen ein Turm steht, der Rauch ausstieß? Dass in Konstanz Engel miteinander telefonieren? Und dass es Menschen gibt, die im See manchmal in Erbsen, Möhren und Zucker baden? Unsere Entdeckungen haben wir für euch aufgeschrieben. Jetzt könnt ihr losziehen und die Städte und Gemeinden rund um den See ganz neu kennenlernen. Das solltet ihr dabei haben: eine Taschenlampe, eine Lupe und Gummistiefel. Und wenn eure Eltern sich überreden lassen – kann auch eine Leiter nicht schaden. 🙂 Und jetzt viel Spaß!

 Euer Lasse Lupe

Vorwort

Geheimnisvoll ist sie, spannend und immer wieder überraschend – eine Abenteuerreise. Eine Fahrt, während der man Überraschendes entdeckt, Neues erfährt und den Freunden dann davon erzählen kann. Wann wart ihr eigentlich das letzte Mal auf einer Abenteuertour?

Vermutlich kommt ihr jetzt ein wenig ins Grübeln, weil die letzten Ferien doch schon ein wenig her sind. Aber für echte Abenteuer muss man gar nicht weit wegfahren. Denn die spannendsten Geschichten gibt es bei uns zu Hause. Hier am Bodensee und in den vielen schönen Ortschaften drum herum. Viele denken ja, dass sie hier schon alles kennen. Doch unsere Region ist voll von Geheimnissen, die man entdecken und enträtseln kann. Eigentlich leben wir in einem richtigen Abenteuerland.

Wie Detektive sind Eva-Maria Bast, Manuela Klaas und Susanne Suchy durch unsere Heimat gepirscht. Auf der Suche nach ganz besonderen Geschichten für Kinder. Nach Dingen, an denen man im Alltag vielleicht achtlos vorübergeht, obwohl sie aufregende Heimlichkeiten in sich tragen.

Alle, die an diesem Buch mitgewirkt haben, sind Eltern. Sie wissen ganz genau, dass ein Abenteuer am Wochenende lange in Erinnerung bleibt. Und so sind die Geheimnisse aus der Sicht von Kindern geschrieben – damit sie für Kinder spannend sind. Dieses Buch ist eine Schatzkarte für Familien. Sie weist den Weg zu den „Kindergeheimnissen der Heimat". Sie sind schnell zu erreichen und liegen abseits des üblichen Ausflugstrubels.

Übrigens hat Eva-Maria Bast auch schon Geheimnisse für Große entdeckt. 2010 trug sie für den SÜDKURIER die ersten „Geheimnisse der Heimat" zusammen, damals für die Stadt Überlingen. Aus einer Zeitungsserie wurde ein Buch, Bücher für die Städte Konstanz und Villingen-Schwenningen, Donaueschingen und Friedrichshafen folgten. Zehntausendfach verkauften sich die Werke. Und 2012 wurde der SÜDKURIER für die Buchreihe „Geheimnisse der Heimat" mit dem Deutschen Lokaljournalistenpreis in der Kategorie Geschichte ausgezeichnet, dem wichtigsten Preis für deutsche Zeitungsmacher. Ihr seid also nicht die Ersten, die den „Geheimnissen der Heimat" nachspüren.

Ich wünsche euch viel Spaß während unserer Abenteuerreise am Bodensee. Nehmt doch eure Eltern einfach mit.

Herzlichst Euer

Stefan Lutz
SÜDKURIER
Chefredakteur

Telefonierende Engel

Ein Bärtiger mit einer Gabel

*Ein entzückendes Bild: Neptun mit einem isolatorengeschmückten
Dreizack und telefonierenden Engeln.*

Habt ihr schon mal Engel telefonieren sehen? Nein? Na, dann
habt ihr vermutlich auch noch nie an der Ostseite des Sparkas-
sen-Hauptgebäudes in der Konstanzer Innenstadt nach oben
geguckt. Da telefonieren die Engel nämlich. Und nicht nur das:
Dort oben am Giebel hockt auch noch ein Bärtiger mit einer
Art Mistgabel in der Hand, auf deren Enden komische weiße
Kappen stecken. Wirklich sehr, sehr merkwürdig! Aber es gibt
in Konstanz jemanden, der das Rätsel um die telefonierenden
Engel und den Mann mit der „Mistgabel" lösen kann: Hans-
Dieter Schmidt, den man in der Stadt auch liebevoll als „Herrn
der tausend Telefone" bezeichnet – er hat wirklich so viele, er
sammelt sie. „Um das Geheimnis zu lüften", sagt er, „muss man
wissen, dass in diesem Gebäude früher nicht die Sparkasse,
sondern die Post untergebracht war. Und deshalb ist das Haus

mit Figuren geschmückt, die etwas mit der Post zu tun haben."
Das erklärt die telefonierenden Engel, denn zur Post gehörte
auch das Fernmeldewesen, also das Telefonieren.

Aber was hat es mit dem merkwürdigen Bärtigen, seiner
Mistgabel und den Kappen darauf auf sich? Auch diese Antwort
ist recht einfach: Es handelt sich nämlich nicht um eine Mistgabel, sondern um einen Dreizack, und der Bärtige ist auch nicht
irgendjemand, sondern Neptun, der Gott der Meere. Was der
mit der Post zu tun hat? Ganz viel! Als die Postzentrale 1891
gebaut wurde, lagen in den Weltmeeren und auch im Bodensee
schon kaum mehr zählbare Telegrafenkabel für die Übermitt-
lung von Telegrammen. Neptun sollte ihnen Schutz geben. Und
die kleinen, komischen Kappen auf seinem Dreizack?
„Das sind Isolatoren für Telegrafenmasten", erklärt
Schmidt. Sie wurden früher an Masten befestigt,
die Telegrafen- und Telefon-
leitungen durchs ganze Land
trugen. Die Isolatoren sorgten
dafür, dass die elektrischen Im-
pulse in den Leitungen blieben
und dort weitergeleitet wurden.
Was heute den Giebel der Sparkasse
ziert, waren also einst Hüter manch
einer brandheißen Nachricht.

Brandheiß ist auch noch eine andere Geschichte: Die ursprünglichen
Isolatoren wurden gestohlen, als das
Gebäude in den 1970er-Jahren am Giebel ausgebessert wurde. Was der Dieb
mit ihnen anfangen wollte, ist allerdings
ein Rätsel. Wozu könnte jemand Isolatoren von Telegrafenmasten brauchen? „Die
Leute schrauben ja ständig irgendwo was ab,

egal ob sie damit was anfangen können oder nicht", meint Hans-Dieter Schmidt. Vielleicht war es aber auch einfach ein unkundiger Handwerker, der der Ansicht war, die Kappen gehörten nicht auf Neptuns Dreizack. 17 Jahre lang musste der Gott der Meere also ohne den ganz besonderen Schmuck auf seiner Jagdwaffe am Ostgiebel des Postgebäudes sitzen. Dann verschaffte man ihm Ersatz: Er bekam neue Isolatoren, die zu dieser Zeit gar nicht mehr so leicht aufzutreiben waren.

> **So geht's zu den telefonierenden Engeln:**
>
> Das Relief befindet sich am zum Bahnhofplatz gerichteten Giebel des Hauptgebäudes der Sparkasse Ecke Marktstätte/Bahnhofplatz.

Würde man die Figuren am Giebel an die jetzige Nutzung als Sparkassengebäude anpassen, müssten die Engel heute Geldscheine in der Hand halten. Und Neptun könnte Münzen auf seinem Dreizack aufspießen. Stattdessen sitzen die Engel noch immer telefonierend dort oben und Neptun bewacht mit seinem Dreizack Leitungen und Kabel. Und das ist auch gut so.

Eva-Maria Bast

Ab wann konnte man in Konstanz öffentlich telefonieren?

a) ab dem 1. Januar 1221
b) ab dem 1. November 1886
c) ab dem 1. Mai 1998

Hochwassermarke

Ein Vulkan lässt den See überschwappen

*Die Hochwassermarke in Konstanz – im Sommer oft halb verborgen
hinter einem Blumentopf.*

Ein Vulkanausbruch im rund 11.000 Kilometer entfernten Indonesien soll dazu geführt haben, dass es am Bodensee ein Hochwasser gab? Das kann man sich kaum vorstellen. Es ist aber
wirklich so! Im April 1815 brach in Indonesien der Tambora-
Vulkan aus und schleuderte riesige Mengen Asche in die Atmo-
sphäre. Das führte zu schlechtem Wetter: „Die vielen Schwe-
felteilchen, die nun am Himmel herumschwirrten, ließen noch
Monate und Jahre später weniger Sonnenlicht zur Erde durch",
erklärt Heike Thissen, die schon viele Geheimnisse am Bodensee gelüftet hat. Es wurde kälter, es regnete viel. Die Ernte fiel
aus, weil es zu kalt war, als dass etwas hätte gedeihen können,

und die Menschen in Zentraleuropa mussten grausam hungern. Man gab diesem schlimmen Jahr auch einen Namen: „Achtzehnhundertunderfroren" und spricht heute rückblickend vom „Jahr ohne Sommer". Ein Jahr später kam der Sommer dann aber wieder, was zu erneuten Schwierigkeiten, zum Beispiel zu dem Hochwasser am Bodensee, führte. „Das Eis und der Schnee aus zwei Jahren schmolzen nun und verursachten das Hochwasser", sagt Heike Thissen. So wurden unter anderem Konstanz und Überlingen Opfer eines der größten Vulkanausbrüche, die die Welt bis heute erlebt hat. In beiden Städten gibt es sogenannte Hochwassermarken, die an das Ereignis erinnern. Das sind kleine Striche an einer Mauer, die anzeigen, wie hoch das Wasser damals gestiegen ist. In Überlingen findet sich ein solcher Strich in der Löwengasse am Eckgebäude zur Hofstatt. Und in Konstanz hängt eine kleine Tafel auf Wadenhöhe – bei Kindern mag es Kniehöhe sein – an einem Haus an der Marktstätte. Im Sommer ist sie oft halb von einem Blumentopf verdeckt. Auf dem Schild steht, dass das Wasser im Sommer 1817 bis zu der Linie gereicht haben soll. „Am 7. Juli 1817 landete vor diesem Hause das Meersburger Postschiff mit 30 Personen und 20 Zentnern Ladung."

In Konstanz lebte seinerzeit ein Arzt und Geschichtsschreiber, der auf den schönen Namen Nikolaus Fidelis Marmor hörte. 30 Jahre nach dem Hochwasser schrieb er rückblickend, dass in den Häusern und Straßen während des Hochwassers Fische schwammen. Und dass es ziemlich stank. Außerdem seien die Menschen von dem Wasser krank geworden, sie „bekamen Geschwüre und offene Füße, ja mehrere junge Männer starben daran". Mindestens genauso schlimm war der Hunger. Marmor schreibt, dass

die Konstanzer sehr verzweifelt waren, viele „gruben auf den Feldern und in den Wäldern nahrhafte Wurzeln aus und griffen zu den verschiedenartigsten Ersatzmitteln des Mehles und Brodes. (...) Die gräßlichste Not trieb ganze Scharen ausgehungerter Menschen in die hiesige Stadt zum Betteln um Geld und Nahrungsmittel."

Wenn man die schlichte Hochwassermarke in Konstanz – oder auch die in Überlingen – betrachtet, dann wundert man sich zwar, dass das Wasser einmal so hoch gestanden haben soll. Aber man würde nie darauf kommen, was für eine fast unvorstellbare Geschichte dahintersteht: Ein Naturereignis auf der anderen Seite der Erde hatte solche Auswirkungen bei uns! Deswegen sind die beiden kleinen Linien ganz wichtig und erinnern an all jene, die einst so grausam hungern mussten.

So geht's zur Hochwassermarke:

Die Hochwassermarke befindet sich in Konstanz am Haus Marktstätte 16. Die Hochwassermarke in Überlingen ist ins Haus Ecke Löwengasse / Hofstatt auf der Seite der Löwengasse eingekerbt.

Eva-Maria Bast

 Wie viel Wasser ist ungefähr im Bodensee?

a) 8–10 Kubikkilometer
b) 48–50 Kubikkilometer
c) 988–990 Kubikkilometer

Tipp: Am besten stellt ihr euch einen riesigen Würfel vor, bei dem jede Kante 1000 Meter lang ist. In diesen Würfel passt jetzt 1 Kubikkilometer Wasser.

Öse

Damit der Turmwächter nicht verschläft!

Die Öse am Münsterturm.

Also, Sinn macht diese riesige Öse, die in luftiger Höhe am südwestlichen Münsterturm hängt, ja eigentlich nicht. Eine Antwort auf die Frage, warum sie sich trotzdem dort befindet, weiß der ehemalige Münstermesner Konrad Schatz. Er erzählt, dass es früher, ab dem Mittelalter und bis vor etwa 120 Jahren, noch viel mehr von diesen Ringen am Münsterturm gab, die sich in gerader Reihe von oben nach unten zogen. Die Ösen waren aber nicht leer, sondern ein Seilzug ging durch sie hindurch. Warum? „An dem Seil musste der Nachtwächter ziehen, wenn er auf seinen Runden durch die Stadt unterwegs war", erzählt Schatz. Und das hatte einen ganz bestimmten Grund: Der Nachtwächter erinnerte den – möglicherweise eingeschlafenen – Turmwächter auf dem Münsterturm damit an seine Pflichten. Der ehemalige Münstermesner hat durchaus Verständnis für den einstigen Turmwächter: „Der macht ja auch mal ein Nickerchen, wenn wochenlang nichts los ist." Wäre der Turmwächter tatsächlich auf seinem Turm eingeschlafen, wäre er von der Glocke, die direkt neben seinem Ohr anfing zu schellen, wieder aufgewacht. Allerdings hatten die Bürger noch eine weitere Sicherheit, dass der Turmwächter nicht schlief: „Jede Nacht mussten die Wächter zwischen 23 Uhr und 5 Uhr jede Viertelstunde laut hupen", erzählt Heimatkenner Heinz Hug. Auch er hat sich ausführlich mit der Geschichte der Turmwächter beschäftigt.

Das Ziehen am Münsterseilzug war aber nicht die einzige Aufgabe der Nachtwächter. Sie mussten auch „nachts die Stunde sowie eine Warnung zum Umgang mit Feuer und Licht ausrufen", berichtet Hug. Das heißt, der Nachtwächter rief immer, wie spät es ist. Das Rufen der Stunde sei gleichzeitig der Beweis dafür gewesen, dass die Nachtwächter ihrerseits ihre Pflicht nicht verschliefen.

Nicht nur auf dem Münsterturm, sondern auf den wichtigsten der 25 Türme und Tore, die es früher in Konstanz gab, hat es Turmwächter gegeben, erzählt Heinz Hug. Er hat die „Wächterordnung" aus dem 15. Jahrhundert, aus der das hervorgeht, eingehend studiert.

Oft haben die Turmwächter übrigens noch eine andere Aufgabe

gehabt: Sie waren Gefangenenwärter. Denn das Schnetztor diente, ebenso wie der Rheintorturm, der Pulverturm, das Innere Paradiesertor, der St.-Paulsturm, der Bruder- und der Raueneggturm, zeitweise als Gefängnis.

Viel Geld haben die Turmwächter für ihren anstrengenden 24-Stunden-Dienst nicht bekommen, aber begehrt war die Arbeit trotzdem, denn die Wächter hatten zumindest ein Dach über dem Kopf und Essen auf dem Tisch. Und das war zu früheren Zeiten nicht unbedingt selbstverständlich. Im Jahre 1839 bewarb sich zum Beispiel ein arbeitsloser Uhrenmacher und sechsfacher Vater beim „wohllöblichen Gemeinderath um die Sache auf dem Münsterthurm betreffend". Er schrieb: „In grenzenlosem Elend und in verzweiflungsvollstem Zustand der häuslichen Armuth ist der obengenannte Bürger genöthigt, die Bitte zu wagen, dass ein wohllöblicher Gemeinderath ihn mit der Thurmwacht begnadigen möchte." Unterzeichnet hatte der Mann, der dann auch tatsächlich eingestellt wurde, mit „der allerunterthänigst gehorsamst bittende C.H." An dem Schreiben kann man auch erkennen, dass die Menschen früher anders schrieben und sich anders ausdrückten als heute. Und diese alte Sprache ist mindestens so spannend wie die Öse am Münsterturm.

Eva-Maria Bast

> **So geht's zur Öse:**
>
> Die Öse befindet sich an der Südseite des südwestlichen Münsterturms. Das Münster steht mitten in der Stadt.

? Wie viele Tore und Türme gab es früher in Konstanz?

a) 10   *b) 25*   *c) 42*

Blutbuche

Eine Zwergenfrau und ein Baumriese

Geheimnis

04

Die Blätter der Blutbuche leuchten rot vor dem blauen Sommerhimmel.

Also, manchmal gibt es ja wirklich merkwürdige Menschen. Und die Frau, um die es in dieser Geschichte geht, war auch ziemlich komisch. Aber sie hatte einen tollen Namen: Josephine Hoffmann von Leuchtenstern. Gelebt hat sie Ende des 18. bis Mitte des 19. Jahrhunderts – also vor mehr als 150 Jahren. Ihre Urgroßnichte Lilly Braumann-Honsell hat eine Geschichte über sie geschrieben, in der steht, dass sie „sehr, sehr klein" und „sehr, sehr reich" gewesen ist. Sie führte einen Zwergenhaushalt, denn ihre Dienerschaft musste kleiner sein als sie selber. „Ich werde doch nicht zu meinen Untergebenen aufsehen", soll sie gesagt haben. Der Einzige, der viel größer war als sie selbst, war der Kutscher. „Sie hat wohl gedacht,

dass er sie schließlich beschützen und ihre Pferde führen muss", erzählt der Konstanzer Stadtführer Daniel Gross und muss dabei ziemlich lachen. Er findet die Geschichte lustig, auch wenn er die Diener bedauert. Vor allem den Kutscher, denn der durfte zwar größer sein als Josephine, aber sie nahm ihm dafür seinen Namen weg. Sie nannte ihn Baptiste, obwohl er gar nicht so hieß. „Sie hatte im Laufe der Zeit mehrere Kutscher. Und alle mussten sie Baptiste heißen", sagt Daniel Gross.

Anscheinend fand Josephine, die von ihrer Verwandtschaft immer *tante Josephine* genannt wurde, es gar nicht so schlecht, klein zu sein. Sie schrieb: „Große Leute sind meist dumm und gutmütig. Denken Sie an Riesen und Zwerge! Die klugen Zwerge haben immer die dummen Riesen überlistet." Vielleicht hat sie das aber auch nur geschrieben, weil es ihr doch etwas ausgemacht hat, dass sie so klein war, und sie wollte es nur nicht zugeben. Und so richtig nachgedacht hat sie wohl auch nicht, bevor sie diesen Satz schrieb. Denn wenn es wirklich so wäre – je kleiner, desto klüger – dann wären die Diener, bis auf den Kutscher, ja alle klüger gewesen als *tante Josephine*. Weil alle Diener kleiner waren als sie.

In Konstanz gibt es etwas, das an diese komische Tante erinnert. Und das ist gar nicht klein, sondern sehr, sehr groß. Es handelt sich um eine riesige Blutbuche, die mitten auf einem heute öffentlichen Gelände, dem Schulhof der Mädchenschule Zoffingen, steht. Der Baum heißt so, weil er Blätter hat, die im Sommer rot wie Blut leuchten. Was der Baum mit der kleinen Frau zu tun hat? Im Herbst 1828 kaufte Josephine das Steinhaus in der Rheingasse 19. Zu diesem Haus gehörte ein großer Garten und in diesem pflanzte *tante Josephine* die Blutbuche. Schon irgendwie lustig, dass die kleine Tante etwas zuließ, das einmal so groß werden würde – wo sie ihr Umfeld doch immer kleiner halten wollte, als sie selbst war. Aber was für Menschen gilt, muss ja nicht unbedingt für Bäume gelten. Und als Josephine lebte, war der Baum möglicherweise noch kleiner als sie selbst. Sonst hätte sie ihn vielleicht fällen lassen.

So geht's zur Blutbuche:

Die Blutbuche befindet sich in der Rheingasse, im Garten des Hauses Nr. 19. Man kann sie auch gut von der Mauer aus sehen, die sich gegenüber dem Notariat befindet.

Eva-Maria Bast

Welcher Fluss fließt durch Konstanz?

a) der Rhein   b) der Main   c) der Lech

Imperiasockel
Lausbuben und verwirrte Reisende

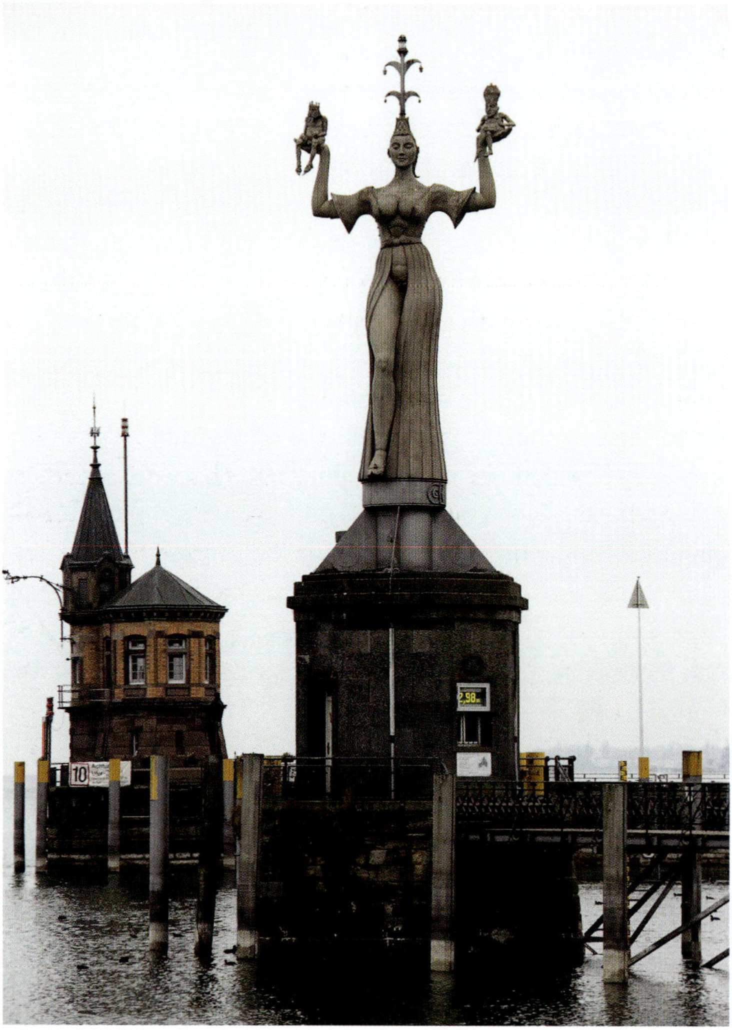

Stolz und schön: die Imperia. Doch welches Geheimnis birgt der Sockel?

Seid ihr schon mal mit dem Schiff nach Konstanz gefahren? In den Hafen in der Stadt? Dann habt ihr sie bestimmt gleich entdeckt, die große, steinerne Dame namens Imperia, die als Wahrzeichen von Konstanz gilt. Die Imperia ist so beeindruckend, dass man nur sie anschaut und dadurch ein ganz wichtiges Detail zu ihren Füßen übersieht: Der Sockel, auf dem sie steht, ist begehbar und hat ein Fenster. Ein Sockel mit einem Fenster ist ja wirklich komisch. Und in der Tat ist das Fenster ziemlich wichtig, denn es ist, ebenso wie der Sockel, ein Überbleibsel aus der Vergangenheit! Der Sockel ist nämlich das unterste Stockwerk eines alten Leuchtturms, der früher dort stand, wo heute die Imperia steht. Und deshalb hat er auch ein Fenster. 18 Meter war der aus Sandstein gebaute Leuchtturm hoch, der zwischen 1842 und 1889 den Schiffen den richtigen Weg in den Hafen wies. Dann wurde er baufällig. Man trug ihn also bis auf die untere, heute noch erhaltene Etage ab, befestigte diese mit Beton und baute 1897 eine Signalplattform darauf, die dort fast 100 Jahre lang blieb.

So geht's zum Imperiasockel:

Der Imperiasockel befindet sich am Konstanzer Hafen unterhalb der Imperia. Man erreicht ihn, wenn man die Unterführung von der Marktstätte aus nimmt.

Der Anblick der Signalplattform war also Teil der Konstanzer Hafenszene, als die Lausbuben der Stadt, auch „Konschdanzer Frichtle" genannt, das Hafenareal zum Abenteuerspielplatz erklärten. „Für die Konstanzer Jungs war es Ehrensache, alle einlaufenden Dampfschiffe schon aus größerer Entfernung zu identifizieren", erzählt der Chronist der Bodensee-Schiffsbetriebe, Karl F. Fritz. Er gehörte freilich nicht zu jenen Lausbuben, die Konstanz in den Jahren vor dem Ersten Weltkrieg, also vor mehr als hundert Jahren, unsicher machten, denn

damals war er noch gar nicht geboren. Aber er kennt die Geschichten aus Erzählungen. „Besonders die österreichischen Schiffe mit ihren gelben Schornsteinen und den beiden Großmasten ließen sich leicht von den anderen Dampfern unterscheiden", berichtet er mit leuchtenden Augen. Die Schiffe hatten alle ganz tolle Namen zu Ehren königlicher und kaiserlicher Hoheiten. Davor hatten die Jungs aber gar keinen Respekt. Die „Kaiser Wilhelm" nannten sie schlichtweg „Willy", die „Kaiser Franz Josef I." wurde kurzerhand als „Fränzle" und die „Kaiserin Elisabeth" als „Lisbeth" bezeichnet. Ganz und gar keine braven Jungs, hatten sie allerlei Schabernack im Kopf. Zum Beispiel versuchten sie in die Kaminlöcher zu spucken, wenn die Schiffe unter der Rheinbrücke durchfuhren. Die Spucke landete aber meistens nicht im Kaminrohr, sondern auf den Fahrgästen. Und einmal haben die Lausbuben mit ihrer Spucke sogar die Mütze des Kapitäns der „Neptun" erwischt. Da bekamen die Jungs natürlich ziemlichen Ärger. Manchmal haben die Lauser auch Reisende in die falsche Richtung geschickt.

Sie standen am Hafen und erklärten den orientierungslosen Fahrgästen, in welches Schiff sie steigen müssten – aber sie schickten sie auf den falschen Dampfer! „Als sich die Beschwerden häuften, kam eines Tages der Hafenmeister den Lausbuben auf die Schliche und jagte die Frichtle von dannen, sobald sie im Hafengelände auftauchten", erzählt Fritz.

Die Dampfschiffe gibt es nicht mehr, die Lausbuben von damals sind schon lange gestorben. Und die Imperia, die hat das bunte Treiben am Hafen nicht beobachtet, wurde sie doch erst im Jahre 1993 gebaut. Aber das unterste Stockwerk des alten Leuchtturms, das ist noch da. Und wer weiß, vielleicht haben sich die Jungs von damals ja in dieses Überbleibsel des Leuchtturms hineingeschlichen und auch dort Schabernack getrieben? Oder gar durch das heute noch vorhandene Fenster hinausgespäht?

Eva-Maria Bast

? Seit wann gibt es den Linienverkehr zwischen Konstanz und der anderen Seeseite?

a) ab 734, b) ab 1204, c) ab 1832

06

Maulbeerbaum

Ein Seidenkleid für die künftige Königin

Ein Sturm hat den 150 Jahre alten Baum in den Hang gedrückt.

Es war einmal ein Großherzog, der auf einer wunderschönen Insel im Bodensee lebte. Die Insel hatte er mit allerlei prächtigen Blumen, Bäumen und Wiesen ausgestattet. Sein Name war Großherzog Friedrich I. von Baden. Oft spazierte er mit vornehmen Gästen durch den Park und sie alle bewunderten und lobten die Schönheit seiner Insel. Doch dem Großherzog war das nicht genug: Er sehnte sich nach einer eigenen Familie, mit der er dieses Glück teilen könnte. Und so heiratete er am 20. September 1856 Prinzessin Luise von Preußen, die Tochter des Kronprinzen Wilhelm von Preußen, des späteren Deutschen Kaisers.

Drei Wochen nach dem Hochzeitsfest brachte der Großherzog seine junge Frau auf die schöne Blumeninsel. Es dauerte nicht lang, und Luise trug ein Kind unter ihrem Herzen.

Der Großherzog war so glücklich darüber, dass er seinem Kind, sollte es denn ein Mädchen werden, ein ganz besonderes Geschenk machen wollte: ein Hochzeitskleid, gefertigt aus Seide von seiner Insel.

Friedrich scheute keine Kosten und Mühen und ließ im Frühling des darauffolgenden Jahres von seinen Gärtnern eine Allee aus 300 weißen Maulbeerbäumen pflanzen. Sobald sie groß genug wären, wollte der Großherzog Tausende von Seidenspinnerraupen mit den Blättern der Bäume füttern. Denn was die Chinesen schon seit vielen Tausend Jahren wussten, war auch Friedrich berichtet worden: Die recht unansehnlichen langen, weißen Raupen ernähren sich ausschließlich von den Blättern des Maulbeerbaums. Wenn sie groß genug sind, spinnen die Raupen um sich herum ein Haus, das man Kokon nennt. Dieser Kokon besteht aus einem langen Seidenfaden, aus dem schließlich prachtvoller Stoff entstehen kann. Aber bis es so weit ist, gibt es sehr viel zu tun. Deswegen nannten die Menschen damals dieses kostbare Gewebe auch „den edelsten Stoff, den die Natur hervorbringt".

Doch so sehr sich die erfahrenen Gärtner auch bemühten – sie konnten nicht verhindern, dass ein Maulbeerbaum nach dem anderen abstarb. Schon im ersten Jahr gingen 60 der jungen Pflanzen ein und keiner konnte sagen, warum. Vielleicht vertrugen die aus China stammenden Pflanzen das frostige Wetter nicht, das in diesem Jahr besonders hartnäckig war? Genau wissen es die Gärtner noch immer nicht. Enttäuscht mussten Friedrich und Luise sich damit abfinden, dass ihr Traum wohl nie Wirklichkeit werden würde. Keines ihrer Kinder würde Kleider aus selbst erzeugter Seide tragen! Aber die Trauer währte nicht lange: Am 9. Juli 1857 erblickte ihr erstes Kind, Friedrich II., das Licht der Welt. Und die Familie wuchs weiter: In den darauffolgenden Jahren gebar Luise eine Tochter und einen weiteren Sohn.

Das Mädchen hieß Viktoria. Sie fühlte sich der Insel ebenso sehr verbunden wie ihr Vater. Als sie viele Jahre später den Kronprinzen Gustav von Schweden und Norwegen heiratete, stand die künftige Königin von Schweden nicht in dem Kleid vor dem Altar, das sich ihre Eltern lange vor ihrer Geburt für sie gewünscht hatten. Doch bestimmt hat sie davon gewusst. Vielleicht haben sie und ihr Vater eines Tages auf einem Spaziergang über die Insel unter einem Maulbeerbaum angehalten und er hat ihr die Geschichte von den vergeblichen Mühen um das prachtvolle Geschenk erzählt.

So geht's zum Maulbeerbaum:

Der Maulbeerbaum steht an der roten Route in der Nähe des Staudengartens.

Denn einige Maulbeerbäume waren angewachsen und groß geworden. Ein einziger steht immer noch. Jahr für Jahr trotzt er fernab seiner Heimat Wind und Wetter des Bodensees. Selbst als ein Sturm die 150 Jahre alte Pflanze in den Hang drückte, gab sie nicht auf. Zum Teil von Holzpfeilern gestützt, wächst sie dort stetig weiter. Der letzte Maulbeerbaum der Insel ist Zeuge des Märchens, das nie Wirklichkeit wurde. Dennoch wird es von Generation zu Generation auf der Insel Mainau weitergegeben. Aber wer weiß? Vielleicht unternimmt ein Mitglied der auf der Insel lebenden gräflichen Familie Bernadotte eines Tages einen neuen Versuch? Vielleicht heiratet tatsächlich irgendwann eine Braut in einem Kleid aus Mainauer Seide? Wer weiß.

Susanne Suchy

?

Wo werden die Mitglieder der gräflichen Familie Bernadotte beigesetzt?

a) im Schloss   b) auf dem Friedhof
c) in einer Gruft in der Schlosskirche

93 kleine Deckel

Die Lebensader der Insel Mainau

Geheimnis
07

An der Kupplung unter dem kleinen Deckel werden die Schläuche angeschlossen.

Habt ihr euch die Blumenbeete auf der Insel Mainau genau angesehen? Ganz genau? Auch den Boden? Ja? Na, dann habt ihr ja sicher ein weiteres Geheimnis entdeckt! Es kommt auf der Insel sehr oft vor – 93 Mal, um genau zu sein – und trotzdem sieht es fast niemand. Das ist Absicht, denn nichts soll den Blick von den schönen Blumen ablenken.

Die Rede ist von relativ kleinen, ovalen Metalldeckeln, die sich in der Erde der Blumenbeete, auf Wiesen oder neben Bäumen befinden. Im Grunde sehen sie aus wie winzige Gullydeckel und verschließen jeweils ein Loch im Boden. In diesem

Loch befindet sich ein Wasseranschluss – eine Kupplung, wie es die Gärtner nennen. Daran können sie zum Beispiel Schläuche oder Rasensprenger festschrauben. Sobald sie die Sicherung an der Kupplung lösen, kann das Wasser in die Schläuche fließen. Die 93 Kupplungen sind an das angeschlossen, was die Gärtner den „Lebensnerv der Insel" nennen: ein riesengroßes Netz aus schmalen Rohren, die in der Erde vergraben sind und durch die Wasser fließt.

Warum das Ganze? Nun ja, allein im Frühling blühen auf der Mainau mehr als eine Million Tulpen. Zusätzlich gibt es dort 250 verschiedene Sorten von Bäumen und Sträuchern, 10.000 Rosenstöcke, Palmen, Kakteen und viele, viele Pflanzen mehr. Sie wachsen auf einer Insel, die ungefähr einen Kilometer lang und 600 Meter breit ist. Das ist etwa so groß, wie wenn ihr in die eine Richtung die lange Seite von zehn Fußballfeldern und in die andere Richtung die von sechs Fußballfeldern ablaufen würdet. Für eine Insel ist das nicht besonders groß. Doch all ihre vielen Pflanzen müssen gegossen werden! Wie könnte man das machen? Zu einem Wasserhahn laufen, die Gießkanne füllen, gießen, wieder zurück zum Hahn laufen und so weiter? Oder ein Fass füllen, auf einen Traktor laden und von Beet zu Beet fahren? Doch auch das Fass ist irgendwann mal leer und muss aufgefüllt werden. Beide Ideen würden ziemlich viel Zeit und Kraft verbrauchen. Wahrscheinlich würden auch ein paar Pflanzen eingehen, weil sie in einem heißen Sommer nicht schnell genug Wasser bekämen. Außerdem kommt aus einem Wasserhahn Trinkwasser, und das ist kostbar – und teuer!

Es musste also eine andere Lösung her. Vor ungefähr 50 Jahren wurde deshalb auf der Insel eine Bewässerungsanlage gebaut, von der ihr nur die vielen kleinen Gullydeckel seht. Durch ein Rohr, das im Bodensee beginnt, wird Wasser in ein kleines Häuschen auf der Nordseite der Insel gepumpt. Dort fließt es in ein großes Rohr, die Hauptleitung. Von dieser Leitung aus wird es auf alle kleinen Rohre verteilt und fließt bis zu den Kupplungen unter den ovalen Deckeln. So können die Gärtner überall auf der Insel ganz schnell so viel Wasser holen, wie sie gerade brauchen. Eine ziemlich schlaue Idee, oder?

Wusstet ihr übrigens, dass nicht nur Blumen und Sträucher bewässert werden, sondern auch einige Bäume? Die größten Pflanzen der Mainau, die Mammut-Bäume, kommen aus Ländern, in denen es viel mehr regnet. Damit sie am Bodensee trotzdem überleben können, müssen sie zusätzlich gegossen werden. In warmen Monaten brauchen die größten Bäume alle zwei Wochen bis zu 6000 Liter Wasser. Das sind ungefähr 600 große Gießkannen für einen Baum. Wie gut, dass man die nicht alle schleppen muss!

Susanne Suchy

> **So geht's zu den ovalen Deckeln:**
>
> Ein Beet, in dem man gut einen Deckel sehen kann, liegt direkt vor der Schwedenschenke. Der Deckel befindet sich ganz nah bei den Randsteinen. Die Schwedenschenke ist die Nummer 26 auf dem Inselplan.

Für welche Treppe ist die Insel Mainau berühmt?

a) *Italienische Blumenwassertreppe*
b) *Schwedische Blumentreppe*
c) *Bodenseewassertreppe*

Tipp: Schaut euch mal genauer im Pfingstrosengarten um.

Schwedenturm

Gefahr kommt aus jeder Himmelsrichtung

Der Schwedenturm in den Weinbergen.

Vor mehr als vierhundert Jahren war die Insel noch kein riesengroßes Blumenmeer. An der Stelle, an der nun das Schloss steht, ragte eine Burg in den Himmel. Um sie herum stand eine hohe Mauer mit Türmen. Vor der Mauer lag ein tiefer Graben. Ein Turm jedoch stand weiter von der Burg entfernt. Diesen Turm gibt es auch heute noch: Er ist schlank, schmal und von Weinbergen umringt. Allerdings heißt er nicht einfach nur „Turm". Man nennt ihn „Schwedenturm", und zwar aus einem ganz bestimmten Grund:

In der Burg lebten Ritter. Aber nicht solche, die für Gerechtigkeit und Ehre in den Kampf zogen. Ganz im Gegenteil! Sie kämpften nicht, sondern hatten ihr Leben Gott geweiht, ähnlich wie die Mönche in einem Kloster. Sie nannten sich „Deutschordensritter". Viele Jahre lebten sie dort in Frieden, bis eine Zeit kam, in der sich ganz Europa im Krieg befand. Und dieser Krieg sollte auch vor der Insel Mainau nicht haltmachen.

Es war im Jahr 1631, als die Gefahr immer näher heranrückte. Die Schweden begaben sich auf einen Feldzug durch Deutschland und eroberten Stadt um Stadt. Auch die Ordensritter erfuhren davon und begannen ihre Verteidigung vorzubereiten. Sie verbesserten die Gräben und Mauern, liehen sich Kanonen und einige Hundert Kugeln. Auf dem Turm im Weinberg stand ständig eine Wache, die die Gefahr rechtzeitig erkennen und Alarm schlagen sollte. Auf der Außenseite des Turms ist

ein Gesicht aus Stein eingemauert. Eine Fratze, die bedrohlich ihren Mund verzieht und Angreifern Angst einjagen sollte. Sie blickt nach Westen, in die Himmelsrichtung, in der die Sonne untergeht. Denn damals – so wird es auf der Insel erzählt – glaubten die Menschen, dass das Böse aus dem Dunkel und damit aus dem Westen kommt. Leider war das in diesem Fall nicht ganz richtig.

Es soll im Oktober 1632 gewesen sein, wann genau weiß man nicht, als die Schweden die Insel zum ersten Mal angriffen – von Meersburg aus, das im Nord-Osten und damit genau entgegengesetzt zu der Richtung liegt, in die die Ritter so fleißig gespäht hatten. Doch das machte nichts: Der Orden wehrte sich und schlug die Schiffe des Feindes mit Kanonen erfolgreich in die Flucht. Als Erinnerung an diesen Tag und daran, dass die Gefahr aus allen Himmelsrichtungen kommen kann, sollen sie den Wachturm von da an „Schwedenturm" genannt haben.

Eine Fratze aus Stein sollte die Angreifer abschrecken.

Doch seine Geschichte ist damit nicht zu Ende. Es vergingen ein paar Jahre. 1647 versuchten die Schweden erneut ihr Glück. Aber dieses Mal bemerkten die Mainauer den Feind zu spät. Am Abend des 11. Februar 1647 sahen sie die schwedischen Wachtfeuer am gegenüberliegenden Ufer brennen und bereits am nächsten Morgen entdeckten sie mindestens zehn Schiffe, die von Meersburg aus auf ihre Insel

zusteuerten. Die Truppen segelten jedoch nicht geradewegs auf sie zu, sondern griffen auf der Südseite an, ganz in der Nähe des Schwedenturms. Die Wache auf der Spitze des Turms schlug Alarm, aber es half nichts. Die Ritter waren den Schweden zahlenmäßig so weit unterlegen, dass sie sich einen Tag später ergeben mussten.

So geht's zum Schwedenturm:

Auf dem Inselplan ist er mit der Nummer 23 eingezeichnet, direkt an der blauen Route.

Und heute? Heute stehen immer wieder Kinder vor dem altrosafarbenen Türmchen, blicken hinauf zu seinen winzigen Fenstern und rufen: „Rapunzel, Rapunzel, lass dein Haar herunter!" Leider warten sie vergeblich. Noch nie hat sich ein Fenster geöffnet und eine Prinzessin ihr goldenes Haar heruntergelassen. Aber zugegeben: Hätte Rapunzel sich einen Ort für ihre Gefangenschaft aussuchen können, wäre es sicher dieser Turm gewesen.

Susanne Suchy

? In welchem Jahr wurde der Schwedenturm erbaut?

a) 1025   b) 1702   c) 1588

Tipp: Die Lösung findet ihr am Türrahmen des Türmchens.

Geheimnis

09

Wappen
Insel im Zeichen von Kreuz und Schwert

Kreuze und Waffen deuten auf den Ursprung des Wappens hin.

Das hier ist kein Geheimnis: Auf der Insel Mainau lebt die gräfliche Familie Bernadotte. Sie stammt in direkter Linie vom schwedischen Königshaus ab. Die Mainau ist seit etwas mehr als 80 Jahren in ihrem Besitz. Graf Björn und Gräfin Sandra leben im Schloss auf der Insel.

Was aber die wenigsten wissen, die auf die Insel kommen: Das prunkvolle Schloss, das schon vom See aus sehr gut zu sehen ist, hat nicht die gräfliche Familie gebaut. Auch nicht ihre schwedische Verwandtschaft. Und deshalb ist das große Wappen unter dem Giebel des Schlossgebäudes auch nicht das der Bernadottes. Von wem es dann ist? Einen Hinweis geben die schwarzen Kreuze. Das größte ist in der Mitte des Wappens zu sehen. Es wird umrahmt von Lanzen, Speeren und einem Schwert. Die Männer, auf die diese Zeichen zurückgehen, lebten sehr lange auf der Insel. Sie kamen vor mehr als 700 Jahren dort an und waren Ritter. Allerdings zogen sie nicht mit glänzenden Rüstungen in den Kampf. Diejenigen, die an den Bodensee kamen, hatten dieses Leben längst hinter sich gelassen. Wie Mönche in einem Kloster schenkten sie ihre ganze Kraft und Entschlossenheit Gott und dem Christentum. Allerdings verteidigten sie, wenn nötig, ihren Glauben auch mit dem Schwert. Man nannte sie die Deutschordensritter (siehe Geheimnis 08).

Zu erkennen waren die Ordensritter an einem weißen Umhang mit einem schwarzen Kreuz darauf. Daher kommt auch das Kreuz im Wappen. Ihr werdet dem Kreuz aber auch an vielen anderen Stellen auf der Insel begegnen. Die Deutschordensritter lebten in einer Burg mit einem tiefen Graben davor und hohen Mauern, die sie vor Eindringlingen schützen sollten. Die Jahre vergingen, die Zeiten wurden etwas friedlicher und die Burg zunehmend unbequem. Der Wind zog durch die Ritzen, oft war es kalt und nass. Also beschlossen die Ritter im Jahr 1736, die alte Burg abzureißen und an ihrer Stelle ein schmuckes Schloss zu bauen. In dem Stockwerk, an dem außen der Balkon angebracht wurde, direkt unter dem Wappen, sollen die Ritter zum Beispiel getafelt haben. Vor allem der Wein ist dabei in großen Mengen geflossen. Allein dafür legten sie acht Vorratskeller an. Was auf den Tisch kam, stammte zu einem großen Teil von der Insel selbst. Da, wo heute Tausende Blumen wachsen, grasten zur Zeit

der Ritter Schafe, es wurde Wein angebaut und ringsum waren Felder und Wiesen.

Herzstück des Insellebens war aber die Kirche. Deshalb wurde sie auch noch vor dem Schloss gebaut. Sie hat eine Besonderheit: Zwischen der Kirche und dem Schloss verläuft – ungefähr auf Höhe des ersten Obergeschosses – ein schmaler Gang. Durch diese Verbindung konnten die Ritter direkt in das Gotteshaus gelangen. Diejenigen, die sich gut mit der Geschichte der Ritter auf der Mainau auskennen, sagen, dass dieser Gang eine bestimmte Bedeutung hat. Sie bezeichnen ihn als Nabelschnur: So wie eine Mutter ihr ungeborenes Kind über eine Nabelschnur ernährt, so spendet die Kirche dem Orden seine Lebenskraft. Denn ohne Gott und das Christentum hätte es die Glaubensgemeinschaft gar nicht gegeben.

Andere sehen eher die praktischen Vorteile dieses Gangs. Er sei sehr geschickt gewesen, sagen sie – vor allem wenn es draußen kalt und nass war. Dann mussten die Ritter nämlich nicht durch den Regen über den Schlosshof bis zur Kirchentür laufen, sondern konnten bequem durch den trockenen Gang gehen. Ritter sind eben auch nur Menschen.

Susanne Suchy

> **So geht's zum Wappen der Deutschordensritter:**
>
> Das Wappen befindet sich am Schloss, direkt unter dem Giebel des Mittelbaus.

 Die Schweden versuchten von der Insel ein ganz besonderes Kreuz mitzunehmen. Aber es war zu schwer und sie mussten es zurücklassen. Wo steht es?

a) auf dem Kirchturm b) im Wasser
c) im Palmenhaus

Tipp: Haltet schon am Eingang die Augen offen.

Metasequoia-Allee

Begegnung mit einem lebenden Fossil

Geheimnis
10

Die Metasequoia-Allee im Herbst.

Habt ihr schon einmal einen Dinosaurier gesehen? Nicht ein Skelett im Naturkundemuseum, sondern einen echten, lebendigen? Das ist unmöglich, werdet ihr sagen, Dinosaurier sind doch schon längst ausgestorben! Aber jetzt stellt euch mal vor, ihr lauft mit euren Freunden um eine Ecke und wie aus dem Nichts steht einer vor euch. Mit seinen riesengroßen Beinen trottet er die Straße entlang und sucht nach etwas zu fressen. Wahrscheinlich würden euch die Münder vor Überraschung – und wohl auch ein bisschen vor Angst – offen stehen bleiben.

So ähnlich muss es dem chinesischen Wissenschaftler Chan Wang am 21. Juli 1943 gegangen sein. Bloß hat der wahrscheinlich keine Angst gehabt, denn er entdeckte keinen lebendigen Dinosaurier, sondern einen Baum, den die ganze Welt bis dahin für ausgestorben gehalten hatte. Ein lebendes Fossil, wie das die Wissenschaftler nennen. Er wusste nicht, um welche Pflanze es sich genau handelte, aber dass er etwas ganz Besonderes gefunden hatte, war ihm sofort klar. Zwei Jahre dauerte es, bis die Wissenschaftler an der Zentraluniversität in Peking, das ist die Hauptstadt Chinas, herausfanden, auf welchen Baum Chan Wang gestoßen war: eine Metasequoia glyptostroboides. Der Name ist ein echter Zungenbrecher, für den es zum Glück auch einen leichter verständlichen Ausdruck gibt: Chinesisches Rotholz.

Dieser Urwelt-Mammutbaum ist ein Nadelbaum, der im Winter seine Nadeln nicht behält, wie zum Beispiel eine Tanne, sondern sie abwirft und dann ganz nackt und kahl aussieht.

So geht's zur Metasequoia-Allee:

Am Eingang des Parks, nach dem Treffpunkt Blumi, geht es nach links. Dann sind es noch wenige Schritte bis zu den ersten Bäumen.

Schaut euch einmal seine Wurzeln an: Sie sind verschlungen, knorrig und richtig dick. Außerdem haben manche Metasequoien nicht nur einen, sondern gleich mehrere Stämme. Der gesamte Baum sieht aus, als sei er ein Überbleibsel aus einer längst vergangenen Zeit. Das stimmt auch, und deswegen war dieser Fund eine echte Sensation! Die Wissenschaftler sind sich einig, dass es Metasequoien schon zu Zeiten der Dinosaurier gegeben hat. Vielleicht hat sich der ein oder andere an so einem Baum mal ordentlich den Rücken gekratzt oder ein Mammut seine Stoßzähne gewetzt?

Und nun könnt ihr die Nachkommen dieser Pflanze anfassen und bestaunen. 53 Urwelt-Mammutbäume gibt es auf der

Insel Mainau. Die erste Metasequoia glyptostroboides, die dort vor mehr als 60 Jahren gepflanzt wurde, kam aus England. Sie steht im Ufergarten auf der Ostseite der Insel. Damals war sie 30 Zentimeter groß und keiner der Gärtner wusste, was aus dem Pflänzchen wohl werden würde. Doch der Baum hielt eine Über- raschung bereit: Am Anfang, als er noch jung war, wuchs er jedes Jahr um einen Meter. Ein Meter! Das ist etwas länger als drei DIN-A4-Hefte hintereinandergelegt und halb so lang wie das Bett eurer Eltern. Wer also ganz, ganz viel Zeit hat, könnte sich theoretisch neben den Baum setzen und ihm beim Wachsen zuschauen.

Die anderen 52 Bäume sind Kinder dieser ersten Metasequoia. Sie bilden direkt am Eingang des Parks eine so große Urwelt-Baum-Allee, wie es sie sonst nirgendwo in Europa gibt. Sie sind 54 Jahre alt und ungefähr 30 Meter hoch. Ausgewach- sen sind die 53 riesigen Bäume auf der Mainau aber noch nicht. Genau genommen sind sie noch Babys im Vergleich zur ältesten bekannten Metasequoia glypto- stroboides. Die wurde 420 Jahre alt und mehr als 50 Me- ter hoch. In so einer langen Zeit geschieht einiges. Schade, dass die Bäume nicht sprechen können. Sie hätten bestimmt viele Geheimnisse zu erzählen.

Susanne Suchy

? Welchem Ort verdankt der Bodensee seinen Namen?

a) Kreuzlingen   b) Bodman   c) Wasserburg

Froschlehen
Ruhe bitte!

Beim Haus Rosenstaude, dem ehemaligen Froschlehen, sind keine Frösche in Sicht.

„Quuaaak!" Ein Frosch sitzt auf dem grünen Blatt einer Seerose mitten im Teich, blinzelt gelegentlich und wartet. Plötzlich treten an den Winkeln seines Mauls zwei weiße, fast durchsichtige, große Blasen hervor. Genau in diesem Moment ist es zu hören: „Quuaaak." Und das kann ganz schön laut sein. Manche Froscharten sind zwar nur fünf Zentimeter groß, ihr Quaken aber macht genauso viel Lärm wie ein vorbeifahrender Lastwagen.

Na und? Ist doch ganz witzig, den grünen Teichbewohnern bei ihrem Konzert zuzuhören. Das stimmt schon, aber wer schon einmal versucht hat, neben einem Froschteich zu schlafen, weiß, dass das nahezu unmöglich ist. Denn meistens sitzt ja nicht nur ein Frosch im Teich, sondern gleich eine ganze Froschfamilie. Und das ist dann so laut, als würde man sich an einer vielbefahrenen Straße schlafen legen.

In einer Zeit, als es noch keine modernen Ohrstöpsel gab, standen die Mönche auf der Insel Reichenau vor genau diesem Problem. Vor mehr als 1000 Jahren ging es im Kloster nicht so ruhig und beschaulich zu, wie man sich das vielleicht vorstellt. Das Kloster auf der größten Insel im Bodensee war berühmt: Prinzen wurden zum Beispiel dort erzogen. In der Malschule fertigten die Mönche in mühevoller Kleinarbeit von Hand wertvolle Bücher mit kostbaren Bildern und Zeichnungen an, von denen man noch heute spricht. Der Abt, der wichtigste Mann im Kloster, stand nicht allein seinen Mitbrüdern, sondern auch so mächtigen Männern wie dem Kaiser mit seinem Rat zur Seite. Da verwundert es nicht, dass im Kloster fast jeden Tag vornehme Gäste eintrafen. Um sie alle zu verpflegen, gehörten zum Kloster mehrere Fischweiher. Einer von ihnen lag direkt neben der großen Kirche, dem heutigen Münster St. Maria und Markus.

Aber wo Teiche sind, sind eben auch Frösche. Und die quaken auch nachts – egal ob der Papst, ein Kaiser oder ein einfacher Mönch im Kloster übernachtet. Damit die adeligen Gäste trotz des Froschlärms gut schlafen konnten, musste sich der Abt etwas einfallen lassen. Also vergab er ein Haus aus dem Besitz des Klosters zu ganz besonderen Bedingungen. Derjenige, der das Gut Rosenstaude bewohnen wollte, musste dem Kloster einen bestimmten Dienst erweisen: Schliefen Gäste im Kloster, musste der Lehnsmann – heute würde man Pächter sagen – in der Nacht am Froschteich für Ruhe sorgen. So machte er sich am Abend auf den Weg zum Kloster. In der Hand hielt er eine lange Weidenrute. Am Teich angekommen, schlug er damit hart auf das Wasser. Schon war es still. Doch nach ein paar Minuten, wenn die Frösche sich in Sicherheit wähnten und dachten, der Eindringling sei verschwunden, fingen sie erneut an zu quaken. Zack! Schon rauschte die Rute wieder auf das Wasser. So ging es die ganze Nacht. Erst am Morgen, wenn es Zeit war aufzustehen, durfte auch der brave Lehnsmann in sein Heim zurückkehren.

So geht's zum Froschlehen:

Das Froschlehen heißt auch Haus Rosenstaude und steht in der Pirminstraße 130.

Der Fischteich neben dem Kloster ist verschwunden. Aber das Haus des Lehnsmanns, das seitdem „Froschlehen" genannt wird, steht immer noch. Man kann dort sogar in einer Ferienwohnung übernachten. Sicher hätten auch die adeligen Gäste des Klosters dort schlafen können, aber wahrscheinlich wäre das einfache Haus dafür nicht fein genug gewesen. Allerdings hätten sie sich einer Sache sicher sein können: Vom Quaken eines Frosches wäre ihr Schlaf nicht gestört worden. Denn einen Froschteich gab es rund um das Lehen noch nie.

Susanne Suchy

? Wie heißt das Fachwerkhaus gegenüber dem Froschlehen?

a) Rosenblüte   b) Rosenzweig   c) Rosendorn

Säulchen-Sonnenuhr

Hermann und die Hirtenuhr

Der Schatten zeigt auf der Hirtensonnenuhr die Uhrzeit an.

Es ist schon sehr lange her, fast tausend Jahre, als auf der Insel Reichenau ein ganz besonderer Mönch gelebt hat. Man nannte ihn Hermann den Lahmen. Ein ungewöhnlicher Name, oder? Hermann stammte aus einer mächtigen, adeligen Familie und war anders als die anderen Kinder. Er war gelähmt, musste getragen werden, konnte kaum sitzen und seine gekrümmten Finger nur mit Mühe bewegen. Mit sieben Jahren brachten ihn seine Eltern in ein Kloster. Ob das schon das Kloster auf der Insel Reichenau war, darüber sind sich diejenigen, die sich sehr mit Hermanns Geschichte beschäftigen, nicht ganz einig. Irgend-

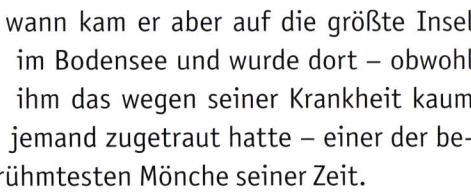

wann kam er aber auf die größte Insel im Bodensee und wurde dort – obwohl ihm das wegen seiner Krankheit kaum jemand zugetraut hatte – einer der berühmtesten Mönche seiner Zeit.

Denn Hermann konnte sich zwar kaum bewegen, aber sein Kopf und sein Verstand funktionierten dafür umso besser. Nicht umsonst nannten ihn die anderen Mönche das „Miraculum" – das Wunder. Wie am Fließband dichtete er, komponierte Lieder, rechnete, unterrichtete die Klosterschüler und baute sogar Musikinstrumente. Sein treuer Schüler Berthold half ihm dabei. Außerdem erfand Hermann einen Gegenstand, der heute ganz selbstverständlich zum Leben dazugehört. Besser gesagt dessen Ur-ur-ur-ur-Enkel. Sehr viele Menschen tragen ihn am Handgelenk. Wahrscheinlich besitzt ihr selbst auch einen – oder genauer gesagt eine: eine Armbanduhr.

Das mag zunächst nicht besonders spannend klingen. Aber damals, als Hermann und die anderen Mönche am Bodensee lebten, gab es eigentlich gar keine Uhren – zumindest nicht das, was wir uns darunter vorstellen. Es gab keinen Wecker, der einen morgens aus dem Bett klingelt, und keine Wanduhr, die anzeigt, wann die Schulstunde endlich zu Ende ist. Ja, es gab nicht einmal eine Kirchturmuhr! Wer wissen wollte, wie spät es ist, musste sich an der Sonne orientieren und gut schätzen.

Hermann aber reichte das nicht. Er wollte es genauer wissen. Also erfand er eine Uhr, die jeder überallhin mitnehmen und mit der er an jedem Ort auf der Insel die Zeit ablesen konnte. Er nannte sie die „Säulchen-Sonnenuhr". Sie war die erste

Uhr, die fast bis auf die Minute genau funktionierte. Im Grunde sieht sie aus wie eine leere Klopapierrolle mit einem Deckel drauf, von dem ein langer Stab absteht. Eine Nachbildung dieser Uhr könnt ihr euch anschauen: Sie steht direkt neben dem Museum Reichenau und ist nicht zu übersehen. Sie ist zwei Meter groß und natürlich nicht aus Pappe, wie eine Klopapierrolle, sondern aus Stahl.

Und so könnt ihr die Zeit ablesen: Am unteren Rand der Säule sind in römischen Zahlen die Monate eingetragen. Jetzt dreht ihr den Deckel der Uhr auf den Monat, in dem ihr auf der Insel seid. Die Tage sind nicht extra eingezeichnet, aber immer am linken weißen Strich beginnt ein Monat mit dem ersten Tag und endet am rechten Strich mit dem letzten Tag. Wenn ihr also am 15. Juli dort seid, dreht ihr den Deckel bis zur Mitte des Monats. Für den nächsten Schritt braucht ihr etwas Kraft. Ihr fasst mit beiden Händen die Säule und dreht sie so lange, bis der Schattenzeiger – das ist der lange Stab am Deckel – in die Richtung der Sonne zeigt. Wenn der Schatten, den der Stab dabei wirft, zu einem ganz schmalen, geraden Strich geworden ist,

> **So geht's zur Hirtensonnenuhr:**
>
> Die Uhr steht direkt neben dem Museum der Insel, an der Ergat 1. Vielleicht kehrt sie aber in den nächsten Jahren an den Ort zurück, an dem auch ihr Erfinder gelebt hat: in den Klostergarten beim Münster St. Maria und Markus.

könnt ihr die Uhrzeit ablesen. Dabei helfen euch die Linien auf der Uhr. An jeder Linie stehen zwei Stunden. Eine gilt für den Vor-, die andere für den Nachmittag. Endet der Schatten zum Beispiel auf der Linie an der 10/14 steht und ihr seid am Morgen dort, dann ist es 10 Uhr. Um 10.30 Uhr würde der Schatten ein Stückchen über die Linie hinausragen. Wenn ihr im Sommer auf der Insel Reichenau seid, ist eines noch ganz wichtig: Dann gilt die Sommerzeit. Weil Hermann sie noch nicht kannte, müsst ihr zu der Zeit, die die Uhr anzeigt, nun noch eine Stunde dazurechnen.

Das Ganze funktioniert auch an vielen anderen Orten auf der Insel. Wenn ihr es ausprobieren wollt, fragt doch mal im Museum nach. Dort gibt es 20 Zentimeter große Säulchen-Sonnenuhren. Sie sind aus Holz und werden von den Patienten eines Krankenhauses nahe der Insel gebaut. Von den meisten wird sie übrigens „Hirtensonnenuhr" genannt. Denn die Hirten und alle anderen, die viel an der frischen Luft waren, nahmen die Uhr mit. Sie konnten sie einfach irgendwo auf den Boden stellen und dann so bedienen, wie die große Uhr neben dem Museum. Dank Hermann wussten sie nun, wie lange ihre Tiere noch grasen konnten und wann es Zeit war, sich einen sicheren Platz für die Nacht zu suchen.

Übrigens: Hermanns Uhr ist etwas, das er nebenbei erfunden hat. Ein Abfallprodukt sozusagen. Der Mönch beschäftigte sich eigentlich mit einem Astrolabium. Das ist ein Gerät, mit dem man zum Beispiel sehen kann, wann ein Stern auf- und untergeht. Aber das ist eine ganz andere Geschichte.

Susanne Suchy

 Wie heißt der älteste Baum auf der Ergat, dem Zentrum der Insel?

a) Gerichtslinde b) Hermannsbaum c) Hohle Linde

Tipp: Schaut euch die Bäume gut an, an einem hängt eine Tafel aus Holz.

Hochwart

Vergnügen am höchsten Punkt der Insel

Geheimnis

13

In der Hochwart wurde schon so manches Fest gefeiert.

Was haben der französische Kaiser Napoleon III., eine Ziel-scheibe, Tee, eine Ölkanne und ein Fernrohr gemeinsam? Sie alle sind Teil der Geschichte eines ganz bestimmten Ortes auf der Insel Reichenau. Es ist die Hochwart, der höchste Punkt der Insel, von dem aus man eine wunderschöne Sicht auf den Bodensee und die gegenüberliegenden Ufer hat. Schon viele Liebespaare haben dort in den Sonnenuntergang geschaut und von ihrer Zukunft geträumt.

Doch das hat „'s Napoleönli", wie der Nachfahre des be-rühmten Kaisers Napoleon I. auf der Schweizer Seite des Bo-densees liebevoll genannt wird, wohl eher nicht getan. Lange bevor er Kaiser von Frankreich wurde, lebte er am See in einem

Schlösschen. Es heißt Arenenberg, liegt in der Schweiz und kann immer noch besichtigt werden. Napoleon ging dort auf eine Schule, an der er zum Artillerieoffizier ausgebildet wurde. Ganz einfach ausgedrückt bedeutet das: Er lernte dort, wie man Krieg führt und Waffen benutzt. Was er dort lernte, wollte er wohl üben, und deshalb – so erzählen es noch vereinzelt Bewohner der Reichenau – soll der Franzose auf dem höchsten Punkt der Insel eine Zielscheibe aufgestellt haben. Dann fuhr er zurück zum Schloss Arenenberg, das genau gegenüber der Insel Reichenau liegt. Dort war der ideale Platz, um Schüsse auf die Zielscheibe abzufeuern. Wann genau er das gemacht hat, ist nicht bekannt, doch es ist auf jeden Fall mehr als 180 Jahre her. Und wie oft er auf die Scheibe gezielt hat, weiß man heute auch nicht mehr, aber seine Schüsse sollen tatsächlich immer besser geworden sein.

1838, kurz nachdem Napoleon geschossen haben soll, ging es an dieser Stelle der Insel viel lustiger zu. Ein reicher Mann, Johann Willibald von Seyfried, baute dort ein kleines, quadratisches Häuschen. Es ist teilweise mit Holz verkleidet, zwei Stockwerke hoch und wird „Die Hochwart" genannt. Johann Willibald von Seyfried besaß zwar schon ein Gut am Ufer der Insel, aber er wollte einen Ort haben, wo er und seine Freunde feiern und die Damen gemütlich ihren Tee trinken konnten. Solche Häuschen waren damals sehr modern und wurden „Belvedere" genannt. Das ist italienisch und bedeutet „schöne Aussicht". Bei gutem Wetter machten sich die vornehmen Damen in ihren langen Kleidern und mit einem Sonnenschirmchen in der Hand durch die Weinberge auf den Weg zur Hochwart. Bestimmt lachten und kicherten sie viel dabei, sprachen über ihre Ehemänner – oder diejenigen, die das noch werden sollten. Oben angekommen nahmen sie wahrscheinlich auf zierlichen Stühlen an kleinen Tischen Platz, genossen die Aussicht und tranken ihren Tee. Leider passt das Aussehen der Hochwart nicht so recht in dieses Bild. Sie hat weder niedliche Erker noch ist sie aus wertvollem Marmor gebaut. Die Bewohner der Insel waren sich schnell einig, an was sie das Gebäude erinnerte: an die Ölkannen, in denen sie das Öl für ihre Lampen aufbewahrten. Und so nannten sie es dann auch spöttisch.

> **So geht's zur Hochwart:**
>
> Von der Pirminstraße in die Hochwartstraße fahren. Bevor es links Richtung Hochwart geht, ist ein kleiner Parkplatz. Von dort aus kann man bequem zu Fuß auf den höchsten Punkt der Insel gehen.

Ein paar Jahre später, 1849, wurden das Gut und die Hochwart verkauft. Der neue Besitzer hieß Christian Wittlinger. Er wollte dort nicht nur den See, sondern auch die Sterne beobachten. Also ließ er in dem Türmchen des Gebäudes ein Fernrohr aufstellen und genoss so die Aussicht nach oben.

Zu welchem Zweck auch immer die Menschen an diese Stelle kamen, sie alle waren ziemlich sicher von der Aussicht dort oben begeistert. Denn man kann nicht bloß den See betrachten, sondern merkt auch, dass man tatsächlich auf einer Insel ist. 1985 mietete eine Künstlerin das Gebäude von der Gemeinde und eröffnete darin eine Keramikwerkstatt. Seit ein paar Jahren schenkt sie dort Kaffee und Tee aus. Die Besucher sitzen an kleinen Tischen, genießen die Aussicht und ihren Tee. Fast so wie vor beinahe 200 Jahren.

Susanne Suchy

? Wie heißt die größte Insel im Bodensee?

a) **Insel Reichenau**   *b)* **Insel Mainau**   *c)* **Insel Werd**

Geheimnis
14 Frosch und Schlange
Der Heilige Pirmin und seine Begleiter

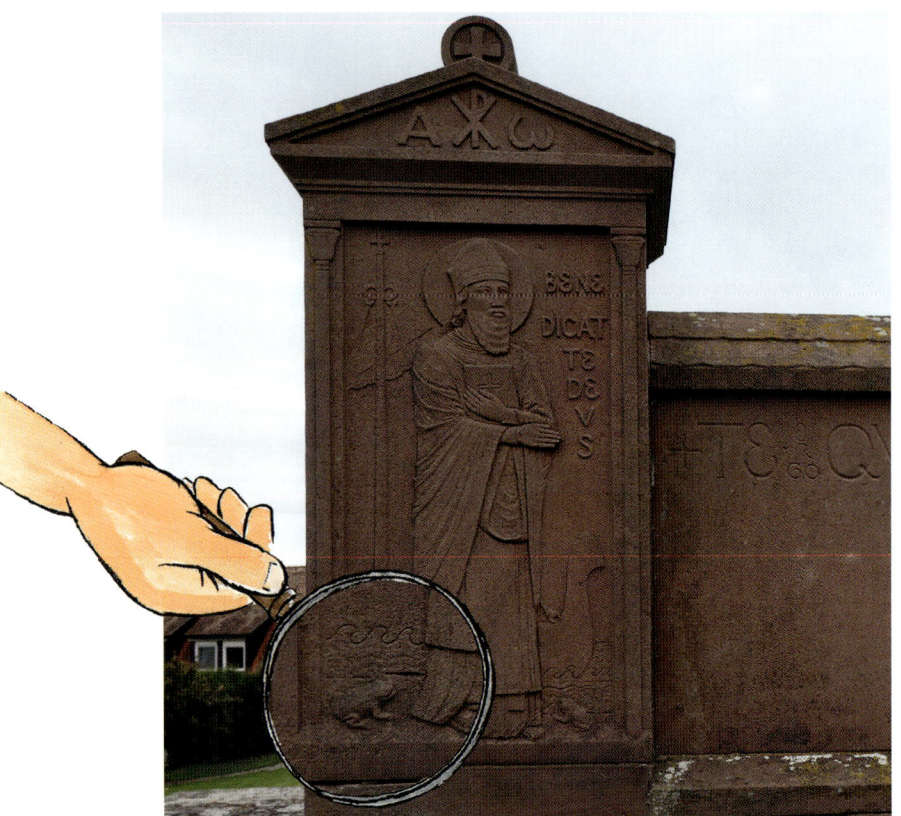

Auf dem Friedhof der Kirche St. Peter und Paul hat Pirmin gleich zwei Frösche dabei.

Ist euch schon einmal aufgefallen, dass Heilige ganz selten allein abgebildet werden? Der heilige Martin zum Beispiel sitzt sehr oft auf einem Pferd. Andere haben einen Löwen, einen Adler, Drachen oder Bären dabei. Fast immer sind es starke und kluge Tiere. Warum? Weil Heilige ganz außergewöhnliche Menschen sind. Sie alle haben irgendwann eine besondere Tat vollbracht, so wie der heilige Martin, der einst einem armen Bettler geholfen hat. Sie haben den Menschen von Gott und Jesus erzählt, obwohl das sehr gefährlich sein konnte. Manche von ihnen kamen deswegen ins Gefängnis oder mussten sterben. Denn vor rund 2000 Jahren glaubten längst nicht so viele Leute an Gott wie heute. Um die Menschen auch nach dessen Tod daran zu erinnern, wie mutig und stark ein Heiliger war, stellten die Künstler manchen von ihnen mächtige Tiere zur Seite.

So geht's zum heiligen Pirmin:

Pirmin wird an zwei Orten mit einem Frosch abgebildet: in der Schatzkammer des Münsters St. Maria und Markus, in Reichenau-Mittelzell und auf einem Sandstein auf dem Friedhof der Kirche St. Peter und Paul in Reichenau-Niederzell.

Auch die Insel Reichenau hat einen besonderen Heiligen. Er heißt Pirmin und wird von einem Frosch und einer Schlange begleitet. Moment mal! Frosch und Schlange? Frösche sind zwar lustige Tiere, aber als stark gelten sie eigentlich nicht. Und von der Schlange sagt man eher, sie sei listig und gelegentlich auch gemein, aber nicht mutig und gütig. Warum gerade diese Tiere bei Pirmin sind, hat damit zu tun, was geschah, als er das erste Mal die Insel betrat. Um die Geschichte zu erfahren, setzt ihr euch am besten vor das große Ölgemälde im Münster St. Maria und Markus. Es befindet sich auf der rechten Seite der Kirche, kurz vor dem Eingang zur Schatzkammer. Rechts oben seht ihr, wie Pirmin in einem Boot auf die Reichenau fährt. Dazu kam es so:

Vor mehr als 1000 Jahren reiste Bischof Pirmin – damals war er noch kein Heiliger – an den Boden-

55

see. Er besuchte einen Freund, der Sintlas hieß. Sintlas war, wie Pirmin, ein sehr frommer Mann und wollte eine Kirche bauen. Also fragte er Pirmin, an welchem Ort er sie errichten solle. Pirmin blickte über den See auf die Insel, die nun

Ölgemälde im Münster St.Maria und Markus.

„Insel Reichenau" genannt wird. Das, sagte der Bischof, sei der richtige Ort für ein Gotteshaus. Sintlas riet ihm davon ab. Gerade diese Insel sei von Dornen und dunklen Wäldern überwuchert. Und, was noch viel schlimmer sei, dort lebten Tausende kriechende Tiere: giftige Schlangen, Insekten, Kröten und Frösche. „Gewürm", wie die Menschen sie damals voller Angst und Verachtung nannten. Sie waren ein Zeichen für das Böse – ein Symbol, wie die Erwachsenen sagen. „Noch nie hat ein Mensch gewagt, diese Insel zu betreten", sagte Sintlas.

Doch den mutigen Pirmin beeindruckte das nicht. Er setzte sich in den Kahn und fuhr zur Insel. Im Süden ging er an Land, den Bischofsstab fest in seiner Hand. Und dann geschah etwas Seltsames: Kaum berührten seine Füße den Boden der Insel, floh das Gewürm. Die Tiere krochen, so schnell sie konnten, auf der anderen Seite der Insel in den See. Es sollen so viele gewesen sein, dass der gesamte See drei Tage und Nächte lang von ihnen bedeckt war. So, wie es auf dem Bild in der Kirche zu sehen ist. Danach verschwanden sie, wohin weiß niemand. Da das Böse nun von der Insel vertrieben war, begannen Pirmin und seine Männer Bäume und Dornenbüsche zu roden. Auf der freien Fläche, die dadurch entstand, bauten sie eine Kirche und dazu noch ein Kloster, in dem viele hundert Jahre lang Mönche leben sollten.

Das ist also der Grund, warum den heiligen Pirmin gelegentlich ein Frosch und eine Schlange begleiten. Ein Bild, auf dem man das sehen kann, hängt nur ein paar Schritte vom Ölgemälde entfernt in der Schatzkammer des Münsters. Es ist ein Fensterbild, auf dem viele Heilige abgebildet sind. Der heilige Pirmin steht ganz oben links und zu seinen Füßen sitzt – wie könnte es anders sein – ein grasgrüner Frosch.

Susanne Suchy

 Welches Tier liegt zu Füßen des heiligen Markus?

a) Drache   b) Löwe   c) Bär

Tipp: Eine große Skulptur des heiligen Markus steht vor dem Münster.

Dünnstes Haus

Eines, das eigentlich keines ist

Nur 2,64 Meter breit: das schmalste Haus von Radolfzell.

Wusstet ihr, dass es dicke und dünne Häuser gibt? Die Erwachsenen würden vielleicht breit und schmal sagen, aber die Kinder von Radolfzell wissen es besser. Wenn ihr die Schmidtengasse bis ungefähr zur Mitte hinaufgeht, seht ihr, was sie meinen. Dort steht das Haus Nummer 5. Weil es nur 2,64 Meter breit ist, nennen es die Kinder in Radolfzell das dünnste Haus der Stadt.

Aber eigentlich ist die Nummer 5 gar kein Haus. Wieso nicht? Auf den ersten Blick hat es schließlich alles, was ein Haus braucht: eine Tür, Fenster, eine Klingel, ein Dach! Doch das war nicht immer so. Schließt einmal die Augen und versucht, euch diese Gasse vor vielen hundert Jahren vorzustellen. Es muss irgendwann im 15. Jahrhundert gewesen sein – so genau weiß man das heute nicht mehr – als die Schmidtengasse die Heimat der Schmiede war. Überall war das Klappern von Pferdehufen zu hören, die Schläge auf heißes Metall und die Rufe der Männer, die mit Hämmern und Zangen glühendes Eisen schmiedeten. In den offenen Scheunen brannten die Feuer der Schmiede. Ihre Häuser waren aus Holz, und deshalb war die Gefahr groß, dass ein Feuer außer Kontrolle geriet und das ganze Gebäude in Flammen aufging. Feuerlöscher, die man einfach hätte von der Wand nehmen können, um die Flamme schnell zu löschen, gab es damals noch nicht. Am meisten Angst hatten die Menschen davor, dass das Feuer von einem Haus zum anderen überspringt, weil sie so dicht beieinanderstanden.

Aber nicht so dicht wie heute! Dort, wo ihr das Haus Nummer 5 seht, befand sich früher eine etwa 20 Meter lange Gasse. Sie war eine Feuerlücke und sollte verhindern, dass sich die Flammen auf die anderen Gebäude ausbreiten. Einige Zeit später wollten immer mehr Menschen in Radolfzell leben, doch

So geht's zum dünnsten Haus:

Das Haus steht in der Altstadt in der Schmidtengasse Nr. 5.

genügend Häuser und Wohnungen gab es nicht. Also errichtete man kurzerhand über der Feuerlücke in der Schmidtengasse ein Dach, zog eine Vorder- und eine Rückwand sowie Decken ein. Für die Seiten wurden die Nachbarhäuser genutzt: Fertig war ein neues Wohnhaus, das Haus Nummer 5.

1950 kauften die Eltern von Lieselotte Huber das dünnste Haus der Stadt. Und Frau Huber lebt heute noch dort. Sie wohnt auf vier Stockwerken, die nach oben hin immer schmaler werden. Wenn ihr an der Fassade hinaufschaut, könnt ihr das sehen.

Vielleicht habt ihr Glück und Frau Huber schaut gerade zu einem Fenster heraus. Für freundliche Kinder hat sie auf einer kleinen Kommode hinter ihrer Haustür ein Bonbonglas stehen, aus dem sich jeder ein „Gutsele" nehmen darf. Übrigens hat Frau Huber selbst schon viele Geheimnisse gehütet. So klein ihr Haus auch ist: Die Eltern in der Schmidtengasse kamen viele Jahre zu ihr, um in ihrem Keller Geschenke für ihre Kinder zu verstecken.

Susanne Suchy

 Wann wurde der Grundstein des Münsters gelegt?

a) 1560   b) 1436   c) 1921

Tipp: Die Antwort auf diese Frage könnt ihr auf dem Grundstein des Münsters entschlüsseln. Er befindet sich außen am Chor der Kirche.

Höllturm

Angreifer erfolgreich ausgetrickst

Im Höllturm stecken seit vielen Hundert Jahren Kanonenkugeln.

Stellt euch vor, jemand möchte in euer Haus oder den Garten eindringen, aber ihr wollt das auf keinen Fall. Am liebsten wäre es euch, wenn diese Person nie wieder kommen würde. Sie soll gleich auf den

ersten Blick erkennen, dass sie unerwünscht ist. Was würdet ihr tun? Die Tür verriegeln? Ein Verbotsschild aufstellen? Hilft vielleicht ein hoher Zaun oder gruselige Figuren im Vorgarten?

Vor vielen Hundert Jahren beschäftigten sich fast alle Städte mit eben diesem Problem. Damals war es nicht so friedlich wie in unserer Zeit. Meistens handelte es sich auch nicht um einen Eindringling, sondern um ganz viele auf einmal. Immer wieder versuchten Menschen, um ihren Besitz zu vergrößern, Dörfer, Städte oder sogar ganze Landstriche einzunehmen. Dann zog ein Feldherr mit Hunderten Soldaten vor die Tore einer Stadt. Sie kamen zu Fuß und auf Pferden, hatten Schützen und Kanonen dabei. Natürlich auch Proviant, denn ihnen war klar, dass sich kaum jemand kampflos ergibt. Wenn die Angreifer also eine Stadt belagerten oder das Gefecht lange andauerte, mussten sie genügend Vorräte haben.

Wie groß die Bedrohung auch in Radolfzell war, könnt ihr an der dicken Stadtmauer erkennen. Historiker, das sind Menschen, die sich in der Geschichte auskennen, nehmen an, dass sie sehr alt ist. 1267 – also vor mehr als 700 Jahren – wurde dem Ort am Bodensee das Stadtrecht verliehen. Damals soll die Mauer schon gestanden haben, um die Bürger zu schützen. Zu ihr gehörten zehn Türme. Die waren besonders wichtig: Weil sie so hoch sind, konnten die Wachposten schon früh sehen, wer sich der Stadt näherte. Waren es Angreifer,

schlugen sie Alarm und die Bürger der Stadt konnten sich auf die Verteidigung vorbereiten.

Außerdem sehen Türme eindrucksvoll aus: hoch, dick und unbezwingbar. Mittlerweile stehen nur noch drei. Einer von ihnen ist der Höllturm. Wenn ihr von der Teggingerstraße ein paar Schritte in den Stadtgarten hineingeht, seht ihr ihn auf der rechten Seite. Er war ein besonders wichtiger Turm, weil er sich auf der Landseite des Ortes befindet. Das ist die Seite, von der für gewöhnlich die Angreifer kamen. Deshalb ließen sich die listigen Radolfzeller für den Höllturm etwas Besonderes einfallen. Im Jahr 1470 mauerten sie ein steinernes Bild – die Erwachsenen nennen so etwas

Die Stadtpatrone Theopontus und Senesius.

Relief – der beiden Stadtpatrone Theopontus und Senesius in die Außenwand des Turms. Der Gründer der Stadt, Bischof Radolt von Verona, brachte ihre Gebeine vor sehr langer Zeit an den Bodensee. Seither wachen die beiden Heiligen dort über die Bewohner Radolfzells, die sie liebevoll ihre „Hausherren" nennen. Jeder, der sich dem Höllturm näherte, sollte an dem steinernen Bild erkennen, dass Radolfzell unter besonderem Schutz steht.

Anscheinend waren sich die Bürger aber nicht sicher, ob das Relief ausreichen würde, um fremde Truppen genügend einzuschüchtern. Ein weiterer Beweis für die Uneinnehmbarkeit der Stadt

Eine der drei Kanonenkugeln in der Mauer.

musste her. Seht ihr, was noch zwischen den Efeuranken in der Mauer steckt? Richtig: eine Kanonenkugel! Eigentlich sind es

drei, aber zwei sind bereits von der Pflanze verdeckt. Wie sind die Kugeln wohl an diesen Platz gekommen? Die Experten sind sich ziemlich einig, dass auch sie von den Bewohnern der Stadt in den Turm eingemauert wurden. Sie sollten eines unmissverständlich klarmachen: Der Turm und die Mauer sind so dick, dass die Geschosse der Kanonen einfach an ihnen abprallen oder stecken bleiben. Egal wie sehr sich die Angreifer bemühen, sie würden es nicht schaffen, ein Loch in die Mauer zu reißen. Also wäre es gescheiter, gar nicht erst mit einem Kampf zu beginnen, sondern gleich wieder nach Hause zu reiten.

Die List scheint funktioniert zu haben: Radolfzell wurde – außer im Bauernkrieg und bei der Besetzung durch die Schweden – nicht angegriffen. Für den Fall, dass es doch jemand versucht hätte, hielt der Turm noch eine Überraschung bereit: Fing das zeltförmige Dach Feuer, konnte es einfach abgeworfen werden. Natürlich in die Richtung der Gegner. Aber Vorsicht! Dieser Trick funktioniert auch heute noch.

Susanne Suchy

> **So geht's zum Höllturm:**
>
> Entweder durch den Stadtgarten gehen oder am Ende des mit Glas überdachten Teils der Höllturmpassage rechts abbiegen. Dann sind es nur noch wenige Schritte bis zum Turm. Das Relief der Stadtpatrone und die Kugeln befinden sich auf der Außenseite.

? Wie heißt der dritte Hausherr von Radolfzell?

a) Zeno   b) Zara   c) Zoro

Villa Windschief

Mit einer Murmel in den „Grienen Winkel"

Die Villa Windschief sank über viele Jahre hinweg langsam in die Erde.

Für dieses Geheimnis hat man am besten eine Murmel in der Tasche. Und der Suppenteller sollte auch nicht zu voll sein. Doch der Reihe nach: Von der Obertorstraße führt die Seestraße, ein schmales, etwas düsteres Gässchen mit Kopfsteinpflaster, hinunter zum „Grienen Winkel". Der heißt nicht so, weil es dort besonders grün ist. Im Gegenteil! Die Häuser haben – wenn überhaupt – bloß kleine Gärten, die von niedrigen Mauern oder Zäunen umschlossen sind. Das Wörtchen verrät, wie die

Straßen im Winkel im 18. Jahrhundert ausgesehen haben, bevor sie mit Kopfsteinpflaster befestigt wurden. Damals rollten die Wellen des Bodensees ganz nah an die Häuser heran – den Bahnhof gab es damals noch nicht. Das Wasser brachte „grienes" mit: Sand, Kies und Geröll, das sich auf dem Boden ablagerte und dem Ort seinen Namen gab.

Zu jener Zeit lebten in diesem Teil der Stadt die ärmeren Leute. Sie waren Fischer und Bauern, die hart arbeiten mussten, um ihre Familien zu versorgen, denn im See gab es nur wenige Fische und der Boden um Radolfzell galt nicht als besonders fruchtbar. So ist es nicht verwunderlich, dass sie sich bloß kleine, bescheidene Häuser bauen konnten, die meist nicht besonders stabil waren.

Doch manche dieser Häuschen stehen noch. Eines ist sogar besonders alt: Die „Villa Windschief" gibt es seit dem 16. Jahrhundert. Das weiß man recht genau, weil im Jahr 1543 eine 230 Jahre alte Eiche gefällt wurde, deren Stamm immer noch als Mittelpfeiler des Fachwerkhauses dient. Aber Fischer wohnen darin schon lang nicht mehr. Es ist nun ein Café und ein Restaurant für Senioren.

Was das alles mit einer Murmel zu tun hat? Nun ja, die Radolfzeller haben dieses Fachwerkhaus nicht umsonst die „Villa Windschief" genannt. Sie ist schief. Einfach an einer Seite in die Erde gesunken, so wie der schiefe Turm von Pisa. Wer das nicht glaubt, sollte sich das Haus Nummer 2 in der Seestraße einmal genau ansehen. Dort, wo der erste Stock ist, neigt es sich ein Stück nach hinten. Nicht überzeugt? Dann hilft nur eins: Eine Murmel in die Hand nehmen und hinein ins Café! Eine Treppe führt in den ersten Stock. Oben angekommen geht es nach rechts in einen großen Raum. Dort kommt endlich die Mur-

mel zum Einsatz. Man legt sie auf der linken Seite des Raums auf den Boden, ohne sie dabei anzustoßen. Aber die Kugel rollt trotzdem los. Sie wird schneller und schneller und hält schließlich mit einem leisen „Klong" an der gegenüberliegenden Wand. Wenn das mal nicht schief ist! Es lässt sich auch an der eigenen Körperhaltung spüren: Durch den schiefen Boden fühlt man sich wie auf einem Schiff in Schräglage und versucht, das

> **So geht's zur Villa Windschief:**
>
> Die Villa Windschief steht an einer Ecke in der Seestraße Nummer 2.

Gleichgewicht zu halten. Und deshalb sollten auch die Suppenteller nicht ganz voll sein, sonst läuft das Mittagessen an einer Seite aus dem Teller heraus.

Doch es war nicht der Seewind, der die Villa schief geblasen hat. Schuld ist der „griene" Boden in der Seestraße. In dem Gemisch aus Kies, Sand und Geröll ist das Haus über Jahre hinweg auf einer Seite immer tiefer in die Erde gerutscht. Keine Sorge: Ganz verschwinden wird die „Villa" nicht, denn mittlerweile wurde der Boden befestigt. Und wer glaubt, dass das alles nicht stimmt und das Haus doch schief gebaut wurde, sollte sich die Balken im Fachwerk ansehen. Sie stehen im rechten Winkel zueinander und zeugen davon, dass dieses Häuschen einmal gerade stand.

Susanne Suchy

? Wie heißt der Schaufelraddampfer, der immer noch auf dem Bodensee unterwegs ist?

a) Lodi   b) Constanze   c) Hohentwiel

Ruine

Der Sturz des kleinen Grafen

Beeindruckend: die Ruine.

Gut. Okay. Der Weg ist ganz schön weit und man kommt auch ein bisschen ins Schnaufen. Aber es lohnt sich. Ehrlich! Wenn man den gewundenen, schmalen Pfad ganz bis nach oben gekraxelt ist, steht man vor einer sehr beeindruckenden Ruine.

Es gibt sie schon ziemlich lang, genauer gesagt seit Anfang des 14. Jahrhunderts, also seit mehr als 700 Jahren. Aber am Anfang war es natürlich keine Ruine, sondern eine Burg. Und die war bereits die zweite Burg der Herren von Bodman, deren Nachkommen noch heute in Bodman leben. Die erste Burg befand sich nicht dort, wo heute die Ruine steht, sondern auf dem gegenüberliegenden Berg, dem Frauenberg.

Diese ursprüngliche Burg der Herren von Bodman auf dem Frauenberg wurde am 16. September 1307 durch ein furchtbares Ereignis zerstört: Der Blitz schlug ein, das Gebäude ging in Flammen auf, die Familie starb – alle, bis auf einen kleinen Jungen, der ein Jahr alt war und Johannes hieß. Seine geistesgegenwärtige Amme soll den kleinen Adeligen in einen großen Kessel gesteckt und den Topf samt dem Kind aus dem Fenster geworfen haben. Der Kessel polterte in die Tiefe, aber wegen der vielen Pflanzen nicht allzu schnell: Er wurde im freien Fall gebremst und blieb schließlich hängen.

Der kleine Johannes kam mit dem Leben davon. Als er zu einem Mann herangewachsen war, ließ er 1332 eine neue Burg auf dem gegenüberliegenden Berg bauen, und das ist die Ruine, die heute noch zu sehen ist. Im Lauf der Jahrhunderte machte diese zweite Burg vieles mit: Während des Schweizerkrieges 1499 wurde sie beschädigt und im Dreißigjährigen Krieg zerstört. Seitdem ist sie eine Ruine. Ab 1900 haben die Grafen von und zu Bodman diese Ruine immer

wieder saniert, dabei wurde auch die Aussichtsterrasse an der Nordostecke des Wohnturms gebaut.

Von der Ruine aus kann man übrigens auch wunderbar auf das Kloster Frauenberg blicken. Es wurde an der Stelle errichtet, an der die erste Burg, in die der Blitz einschlug, gestanden hatte. Von dort stürzte also der kleine Graf in seinem Kessel hinab. Man mag es sich kaum vorstellen! Übrigens: Den Kessel gibt es heute noch im Schloss, das mitten im Dorf Bodman steht. Und das ist wirklich der Kessel, in dem der kleine Graf damals vom Berg herabsegelte? Naja. Hausherr Graf Bodman erzählt dem SÜDKURIER, dass die Geschichte mit dem Kessel erst im 16. Jahrhundert aufkam. Wahr sei jedoch, dass es den Brand gab, aus dem einer gerettet wurde. Und von diesem Einen stamme die ganze Familie ab. Damit ist die Geschichte also eine wahre – mit schmückendem Beiwerk drum herum.

So geht's zur Ruine:

Die Ruine erreicht man, wenn man über die Kaiserpfalzstraße in die Straße Am Königsweingarten einbiegt, an deren Ende sich ein Parkplatz befindet. Dann folgt man dem Wanderweg zur Ruine.

Eva-Maria Bast

Wie heißt die Halbinsel, auf der die Ruine steht?

a) Höri   b) Überlinger Insel   c) Bodanrück

Gitter im Felsen

Wo Lausbuben einst Unfug trieben

Geheimnis

19

Unscheinbar: das kleine Gitter im Felsen.

Kaum jemand würde diesem kleinen Metallgitter wohl einen zweiten Blick schenken. Denn erstens sieht es nicht gerade aufregend aus und zweitens bemerkt man es kaum: Unscheinbar und unspektakulär wirkt das Gitterchen. Und man würde sich eigentlich auch keine großen Gedanken darüber machen, denn Fenster gibt es ja wirklich viele und Gitter ebenso. Aber die Stelle, an der es sitzt, ist merkwürdig: mitten im Felsen im Stadtgraben. Was hat die Öffnung in einem Felsen zu suchen? Ein Fenster in einem Felsen muss ja bedeuten, dass sich dahinter ein Zimmer oder ein Hohlraum befindet. Ein Zimmer in einem Felsen? Aber ja, und sogar noch mehr! Die Altüberlingerin Lisbeth Krezdorn kennt die Lösung: Wo heute das Fenster ist, war früher eine noch sehr viel größere Öffnung, eine Art Tor zu einem unterirdischen Gang, der bis zur Luziengasse führ-

71

te: Dieser Gang diente den Kindern der Waisenhaus-Schule im Zweiten Weltkrieg als Luftschutzbunker. In diesem Krieg gab es ja auch Angriffe aus der Luft, die Feinde warfen Bomben. Überlingen bekam zum Glück nicht so viele ab, aber Friedrichshafen, wo wir ab Seite 105 drei Geheimnisse lüften, wurde im Zweiten Weltkrieg weitgehend zerbombt, weswegen es dort auch kaum noch alte Häuser zu sehen gibt. Die meisten wurden nach dem Zweiten Weltkrieg neu gebaut.

Zurück nach Überlingen und zu dem unterirdischen Gang: Überlingens Schulkinder saßen dort also, wenn die Feinde Bomben abwarfen. „Wenn Alarm kam, musste man aufstehen, die Schule verlassen und zum Keller gehen", sagt Lisbeth Krezdorn. Sie allerdings musste in einen anderen Keller gehen, den Ochsenkeller, denn sie besuchte die Seeschule direkt am Ufer. Dort, wo man heute in einem Café leckeren Kakao trinken kann, hatte das Mädchen von damals Unterricht. Die Schüler, die im Felsen Schutz vor den Bomben suchten, gingen in die „Waisenhaus-Schule", die dort stand, wo heute die Franz-Sales-Wocheler-Schule ist. Nein, sie hieß nicht Waisenhaus-Schule, weil ihre Schüler keine Eltern mehr gehabt hätten, sondern weil in dem Gebäude ganz früher mal ein Waisenhaus untergebracht gewesen war.

Ob Lisbeth Krezdorn Angst hatte, als die feindlichen Flugzeuge über Überlingen flogen? „Nein", sagt sie, „man war es gewöhnt und es ist ja nie was passiert." Stattdessen hätten sich die Schüler während der langen Stunden im Keller sehr gelangweilt. Wie sich die Kinder im Luftschutzkeller die Zeit vertrieben haben? „Mit den Füßen gewackelt", sagt Lisbeth Krezdorn.

Als sie ein bisschen älter war, ist sie noch oft durch den unterirdischen Gang gegangen, der hinter dem kleinen Gitterchen beginnt. Sie erzählt: „Als ich 14 Jahre alt war, gleich nach dem Krieg, habe ich eine Art Freiwilliges Soziales Jahr in einem Blumengeschäft gemacht, das sich dort befand, wo heute das Arbeitsamt ist. Wenn ich in die Stadt runter wollte, bin ich immer durch den unterirdischen Gang gelaufen." Wann der Gang geschlossen und das kleine Lüftungsgitter eingesetzt wurde, das weiß Lisbeth Krezdorn nicht mehr so genau. Sie erinnert sich aber noch gut daran, dass „die Generation der heute 50-Jährigen" dort einst Schabernack getrieben hat. „Die sind da mit Kerzen rein", weiß die Überlingerin, selbst Mutter eines Mannes, der der „Generation der heute 50-Jährigen" angehört. „Und da hat die Stadt dann irgendwann gesagt, dass man das lieber schließen sollte." Noch von einem weiteren Streich dieser Generation kann sie berichten: „In den Rosenobelturm konnte man früher von oben rein. Da sind die Buben reingeklettert. Und die Feuerwehr musste sie dann rausholen."

Das war für die Jungs bestimmt sehr abenteuerlich!

Eva-Maria Bast

> ## So geht's zum Gitter im Felsen:
>
> Das Gitter findet man, wenn man auf dem Fußweg im Stadtgraben, parallel zur Wiestorstraße, in Richtung Bahnhof geht. Gegenüber des Gebäudes Elektro Lutz sitzt es auf etwa 1,50 Meter Höhe im Felsen.

? Wie lang ist das Ufer des Bodensees?

a) 273 km   b) 155 km   c) 456 km

Tipp: Nehmt den Maßstab auf der Karte am Ende des Buches zu Hilfe.

Turm

Der Schornstein und der Drache

![Früher stiegen Rauchwolken aus dem kleinen Turm im Überlinger Stadtgarten.]

Früher stiegen Rauchwolken aus dem kleinen Turm im Überlinger Stadtgarten.

Das ist ja komisch! Beim Aufkircher Tor steht im Überlinger Stadtgraben ein Sandsteinturm, der aussieht, als stamme er aus dem Mittelalter. Er hat wunderschöne Zinnen und wirkt ziemlich märchenhaft – aber Sinn macht er auf den ersten Blick eigentlich nicht. Denn ein Turm steht doch nicht in einem Graben, sondern auf einer Anhöhe, einem Berg, zumindest aber auf ebener Fläche. Einen Turm baut man, um besonders weit oben zu sein, in die Ferne blicken und vielleicht sogar einen Feind entdecken zu können! Und zur Verteidigung gegen Angreifer scheint der kleine Turm im Überlinger Stadtgraben ja wohl gedacht gewesen zu sein. Er hat nämlich kleine Schießscharten, aus denen man auf die Gegner hätte schießen können.

Noch geheimnisumwitterter wird der Turm, wenn man weiß, dass er einst Rauch ausstieß, der aus der Unterwelt kam. Viele kleine Mädchen glauben, dass in dem Turm Rapunzel wohnt. Wildere kleine Mädchen, denen erzählt wird, dass der Turm früher regelmäßig geraucht hat, denken, dass hier eine Hexe lebt. Und für manchen kleinen Jungen ist klar: In dem Turm ist ein Feuer speiender Drache gefangen!

Die Wahrheit ist viel weniger aufregend: Der Turm ist eigentlich nur ein großer und sehr schöner Schornstein und wurde nie zur Verteidigung verwendet. Genauer: Es handelt sich um die Entlüftung für den Eisenbahntunnel. Und er stammt auch nicht aus dem Mittelalter, sondern aus der Zeit um 1900. Damals hat man gerne den Baustil des Mittelalters nachgemacht. Die Erwachsenen, die sich mit Baustilen auskennen, nennen so etwas „historisierende Bauweise".

Der Eisenbahntunnel verläuft unter dem Stadtgraben, der Turm steht etwa in der Mitte. Früher, als eure Uromas und Uropas mit der Eisenbahn fuhren, hat eine Lokomotive schrecklich gezischt und geraucht, weil ihre Dampfmaschine mit Kohle betrieben wurde. Wenn man in einen Tunnel fuhr, war der ganz schnell voller Rauch, deshalb musste er einen Schornstein haben. Und wenn der Mann, der den Schornstein baute, Fantasie hatte – wie der Baumeister in Überlingen – entstand ein besonders schön aussehender kleiner Turm, der in einem Graben steht und Rauch ausstößt.

So geht's zum Turm:

Der Turm steht im Überlinger Stadtgraben östlich des Aufkircher Tors (Aufkircher Straße 56).

Eva-Maria Bast

Wie kam der Eisenbahntunnel in den Felsen?

a) durch Sprengung mit Dynamit
b) durch Klopfen und Graben
c) Er war sowieso da, weil es in Überlingen viele Höhlen und Tunnel gibt.

Brezelgitter
Eismaschinen, die Rex und Lore heißen

Die Türe mit dem Brezel-Gitter.

Wenn man diese Türe sieht, bekommt man automatisch Hunger. Und zwar auf leckere, ofenfrische Brezeln. Selbst wenn die Brezel, die sich an diesem Hauseingang befindet, zugegebenermaßen nicht ganz frisch aussieht. Kein Wunder, schließlich ist sie aus Eisen. Und sie ist auch ganz schön alt. Was aber hat eine Brezel, ob alt oder nicht alt, an einer Tür zu suchen? Die Tür befand sich früher an einer ganz anderen Stelle – aber im gleichen Haus. Sie saß auf der anderen Seite des Gebäudes, zur Franziskanerstraße hin, durch die heutzutage viele Autos in die Stadt fahren.

Auch früher war die Franziskanerstraße ziemlich belebt. Und das war für den Bäcker, der dort sein Geschäft hatte, sehr günstig, denn wo viele Leute sind, wird auch viel gekauft. Damit auch jeder wusste, dass in diesem Haus Backwaren zum Verkauf angeboten werden, ließ der Konditor, sein Name war übrigens Karl Hoch, sein Türgitter mit eisernen Brezeln schmücken. Aber es gab bei ihm nicht nur Brezeln, sondern auch viele andere leckere Sachen! Alle Kinder haben das Eis geliebt, das der Konditor herstellte. Man konnte sich zwei Sorten aussuchen, Himbeer oder Vanille, und eine Kugel Eis kostete fünf oder zehn Pfennige. Damals gab es ja noch keine Cents.

Die Kinder haben ihr Eis aber nicht in der Franziskanerstraße im Café geholt, sondern auf der Rückseite des Gebäudes am Münsterplatz, dort, wo heute die Türe mit der Brezel ist. Später hat der Enkel von Karl Hoch, der immer noch in dem Haus wohnt, das Gebäude ganz und gar umbauen und die Tür mit der Brezel auf die Rückseite setzen lassen. Die ist jetzt seine Eingangstüre. Immer, wenn er nach Hause kommt, läuft er an der Brezel vorbei. Und unter einer weiteren Brezel durch, denn über der Tür ist, in den Stein gehauen, noch eine Brezel zu sehen. Daneben steht: „Hans Jacob Schamler 1697". „Das war wahrscheinlich der Erbauer und erste Bäcker des Hauses", glaubt Karl Hochs Enkel Günter Sauter, der heute auch schon im Großvateralter ist.

Als er noch ein Kind war, haben die anderen Kinder der Stadt ihn natürlich schrecklich um seinen Opa beneidet. Stellt euch mal vor, ihr hättet einen Opa, der immer Kuchen bäckt oder Eis macht und euch ständig naschen lässt! Besonders lustig war der kleine Bach, der aus dem Haus plätscherte – ungefähr dort, wo heute die Türe ist. „Das war das Kühlwasser für das Eis, das in einer Rinne nach draußen floss." Die Eismaschinen hatten sogar Namen: Sie hießen Rex und Lore! Übrigens hat Günter Sauter immer am liebsten Vanilleeis gegessen. „Und wenn es kein Vanilleeis gegeben hat, habe ich geweint und bin zornig geworden."

So geht's zum Brezelgitter:

Das Brezelgitter kann man auf dem Münsterplatz links neben dem hinteren Eingang zum „Modehaus Munding" entdecken.

Günter Sauter isst immer noch gerne Vanilleeis. Zum Glück wohnt er direkt neben einer Eisdiele. Wutanfälle bekommt er heute nicht mehr, wenn das Vanilleeis mal alle ist. Aber wenn er ein gutes Eis isst, dann bekommt Günter Sauter gute Laune. Und ihr doch bestimmt auch, oder?

Eva-Maria Bast

Wofür ist Überlingen bekannt?

a) für sein gutes Eis
b) dafür, dass man hier gut „kneippen", also durch kaltes Wasser laufen kann
c) für seine netten Menschen

Tipp: Schaut doch mal am Seeufer nach. Findet ihr dort irgendwo kleine Becken? Sie sehen oft aus wie winzige Schwimmbäder.

Geheimnis
22

Zitronengässle
Eine saure Frucht oder leckerer Käse?

Dickere Menschen haben es hier schwer: Das Zitronengässle zwischen der Luzien-gasse und der Krummebergstraße bietet wenig Platz nach rechts und links.

Es ist die Straße, die Überlingens Kinder besonders lieben:
Wann immer es geht, nehmen die kleinen Stadtbewohner den
Weg durch das Zitronengässle. Nicht nur, weil es so einen lus-
tigen Namen hat, sondern vor allem deshalb, weil es so schmal
ist: An seiner engsten Stelle misst es gerade mal 80 Zentimeter. Sehr dicke Menschen passen hier also gar nicht durch. Und
einer Legende nach kam das Zitronengässle genau
deshalb auch zu seinem Namen: weil man beim
Gang durch das Gässle zerquetscht werde wie
eine Zitrone. Toni Wasowicz, der schon sein
ganzes Leben lang im Zitronengässle wohnt,
kennt die Geschichte um die Namensgebung
aber ganz anders: „Die Familie Vanotti hatte
am östlichen Ende
des Gässles in ei-
nem Keller Zitronen
eingelagert",
berichtet   er.
Der Keller ist heu-
te noch sichtbar.
Sein Eingang liegt sozusagen unter dem Zitronengässle, in
einer Mauer der tiefer gelegenen Luziengasse, von der aus
man das Zitronengässle über Stufen erreicht.
    Die Vanotti waren eine italienische Handelsfamilie,
die ab dem 18. Jahrhundert in Überlingen sehr erfolgreich mit Textilien, Kriegsmaterial, Zitronen und Öl aus
Italien handelte und damit Wohlstand in die Stadt
brachte. Damals hatte man in Überlingen einen sehr komischen Spitznamen für die
Vanotti: Man nannte sie „Zitronenschütt-
ler" – weil sie ihre Zitronen im Wagen durch
das schmale Zitronengässle fuhren und die Südfrüchte dabei
wegen des holprigen Untergrundes durchgeschüttelt wurden.

Toni Wasowicz findet das aber seltsam. Wie, fragt er, sollen die Vanotti mit ihrem Wagen durch das schmale Gässchen gepasst haben? Er glaubt eher, dass sie ihre Zitronen von der anderen Seite aus, über die gepflasterte Luziengasse, in den Keller brachten. Geschüttelt worden wären die Zitronen dann trotzdem, denn holperig war der Untergrund auf jeden Fall. Die Zeit, in der Zitronen im Keller lagerten, hat Toni Wasowicz nicht mehr erlebt.

So geht's zum Zitronengässle:

Das Zitronengässle erstreckt sich zwischen der Luziengasse und der Krummebergstraße.

Aber als er ein Kind war, befand sich im Keller das Käselager der Molkerei Scheffold. „Herr Scheffold fuhr immer mit seinem Transportwagen mehrere Haushalte ab und wir Jungs durften mitfahren", erinnert sich Wasowicz. Und wenn frischer Käse angeliefert wurde, durften Toni Wasowicz und sein Bruder Reinhard mit in den Keller gehen und sich ein Stückchen herunterschneiden lassen. Ein Glück für die Jungs, dass sie nicht zu Zeiten lebten, als die Vanotti Zitronen lagerten. Dann hätte man ihnen vielleicht ein Scheibchen Zitrone angeboten. Und dem ist so ein Happen Käse doch allemal vorzuziehen!

Eva-Maria Bast

 Wann wurde Überlingen das erste Mal urkundlich erwähnt?

a) 560 b) 770 oder c) 880

Tipp: Schaut doch mal im Überlinger Museum nach. Da gibt es noch viele weitere spannende Sachen zu entdecken!

Gletschermühle

Riesenloch mitten in der Wiese

Die Gletschermühle.

Hoppala! Wenn man bei Überlingen-Goldbach durch die Reben wandert, steht man plötzlich vor einem riesigen, kreisrunden Loch! Das Loch ist wirklich riesig, es hat ungefähr 20 Meter Durchmesser und ist schätzungsweise zehn

Meter tief. So ein großes Loch zu buddeln – also damit wären viele starke Männer ziemlich lang beschäftigt gewesen. Aber es waren ja auch keine Männer, die das Loch gegraben haben, sondern die Naturgewalten. Das Loch ist schon sehr alt und stammt aus der letzten Eiszeit, der Würmeiszeit, die vor etwa 12.000 Jahren endete. Entdeckt wurde das Loch, so heißt es in der Überlieferung, von einem Bauern, der beim Pflügen mit seinem Vieh auf eine verkieste Fläche stieß. „Er hat weitergegraben und ist schließlich auf diese Gletschermühle gestoßen", erzählt Thomas Vogler, der sehr, sehr lange Chef der Stadtgärtnerei in Überlingen war. Er erklärt, dass das Gelände, auf dem sich heute der Riesenkessel befindet, zu Beginn der Würmeiszeit völlig von Eis bedeckt war. „Irgendwann, vermutlich vor 20.000 Jahren, fing das Eis dann an zu schmelzen." Dadurch entstanden Gletscherspalten, durch die riesige Massen von Schmelzwasser nach unten flossen. „Dort angekommen, begann das Wasser zu wirbeln und sich zu drehen, es entstand gewissermaßen eine Wassermühle, die das Loch in den Fels grub", erzählt Vogler faszi-niert. Die nachschiebenden Gletscher hätten das Loch dann nach und nach mit Kies gefüllt.

Übrigens: In der Würm-eiszeit war der Heiligen-berg, im Hinterland des Bodensees, noch mit etwa 100 Meter dickem Eis be-deckt! Auch Skandinavien, England und die Alpen wa-ren damals unter Gletschern

So geht's zur Gletschermühle:

Die Gletschermühle liegt bei Überlingen-Brünnensbach. Man findet sie oberhalb von Brün-nensbach am Rande der Wein-reben des Überlinger Spitalguts auf dem Wanderweg zwischen Sipplingen und Überlingen.

verschwunden. „Die Gletschermühle in Überlingen gehört zu den größten Gletschermühlen des Alpenraumes", sagt Vogler ein wenig stolz. Und stolz darf er sein, denn das ist schon ziemlich beeindruckend!

Eva-Maria Bast

Welche Staaten grenzen an den Bodensee?

a) Deutschland, Schweiz, Frankreich
b) Deutschland, Schweiz, Österreich
c) Deutschland, Österreich, Italien

Tipp: Achtet auf die Fähnchen an den oberen Ecken der Seiten.

Honigschlecker
Von süßen Worten und fleißigen Bienen

Das kleine Schleckermäulchen nascht genüsslich vom süßen Honig.

Man muss ihn einfach mögen, den kleinen Honigschlecker in der Wallfahrtskirche Birnau. Ganz verschmitzt thront er auf dem rechten Seitenaltar der Kirche und schleckt genüsslich süßen Honig von seinem Finger. Den Bienenkorb, aus dem er den Honig nascht, versteckt der Putto – das Wort kommt aus dem Italienischen und bedeutet „Knäblein" – verschämt an seiner linken Seite. Es sieht so aus, als wolle er niemandem etwas von seiner Leckerei abgeben. Emsige Bienen umschwirren das kleine Loch im Korb, aus dem der Honig fließt. Wenn man so vor der Engelsfigur mit der Lockentolle und dem kleinen, runden Bäuchlein steht, läuft einem das Wasser im Munde zusammen, oder nicht? Der kleine Bursche steht dort nicht ohne Grund. Er ist ein Zeichen für die besondere Redegewandtheit des heiligen Bernhard von Clairvaux, dem dieser Seitenaltar gewidmet ist. Man sagt, dass ihm die Worte bei seinen Predigten wie Honig aus dem Munde flossen, weswegen man ihn auch „Doctor mellifluus" nannte. Dies ist lateinisch und heißt übersetzt „honigfließender Lehrer". Ein seltsamer Begriff, den heute niemand mehr so verwenden würde. Vielleicht könnt

ihr mit der Bezeichnung „Lehrer der honigsüßen Worte" ein bisschen mehr anfangen. Genau wie die Honigbiene, die den gesammelten Nektar in Honig verwandelt und als Nahrung für die heranwachsende Brut verwendet, so sammelte Bernhard von Clairvaux die Menschen um sich und begeisterte sie mit seinen gefühlsbetonten Reden von der Liebe zu Gott so sehr, dass viele von ihnen ins Kloster eintraten. Dies führte dazu, dass Frauen ihren Männern und Mütter ihren Söhnen verboten, zu den Predigten des heiligen Bernhard zu gehen. Wenn sie nämlich ins Kloster gingen, lebten sie ja nicht mehr zu Hause.

So geht's zum Honigschlecker:

Der Honigschlecker befindet sich in der Barockkirche Birnau am rechten Seitenaltar.

Der Honigschlecker hat aber noch eine weitere Bedeutung: Er steht auch für die Sünde, hier also für das verbotene Naschen von süßem Honig, und für den Fleiß der Bienen, die unermüdlich Pollen und Nektar sammeln. Neben dem naschenden Knaben seht ihr bestimmt die drei Bienen, die an der Säule entlangkrabbeln.

Der Bildhauer, der den schelmischen Putto vor über 250 Jahren schuf, hieß Joseph Anton Feuchtmayer. Er fertigte die 112 Zentimeter hohe Gestalt aus Stuckmarmor. Was um alles in der Welt ist Stuckmarmor? Und warum hat Feuchtmayer nicht einfach echten Marmor genommen? Das echte Gestein hätte man aus Italien an den Bodensee bringen müssen und das wäre sehr teuer gewesen. Zudem konnte man bei Stuckmarmor die Farbe des Altars, der Altarbilder und der Deckenmalereien genau aufeinander abstimmen. Um ihn herzustellen, rührte Feuchtmayer eine Mischung aus Gipskalkmörtel, Leimwasser, Quark und Wein an. Ja, ihr habt ganz richtig gelesen: Quark und Wein stecken auch in dem kleinen Schleckermäulchen. Wenn ihr euch nun einmal ganz genau den Bernhardsaltar, so heißt dieser Seitenaltar nämlich, anschaut, dann könnt ihr gleich noch zwei weitere Honigschlecker entdecken: Sie haben zwar einen etwas unscheinbareren Platz in der linken unteren Ecke des Altargemäldes, werden aber auch von fleißigen Bienen umschwärmt. Und wenn ihr schon auf Spurensuche seid, dann betrachtet doch einmal die vielen anderen pausbäckigen Engelsfiguren, die an den Wänden der Kirche hängen. Jeder der Engel ist mit einem anderen Gegenstand dargestellt. Wer weiß, vielleicht entdeckt ihr ja sogar den Putto mit den drei Würfeln in der Hand?

Manuela Klaas

? Wenn ihr den kleinen Putto mit den drei Würfeln erspäht habt, dann rechnet doch mal zusammen, wie viele Augen auf den drei Flächen, die nach vorne zeigen, abgebildet sind!

● *a) 8   b) 11   c) 14*

25 Unterirdischer Gang

Verbindung von der Burg zum See

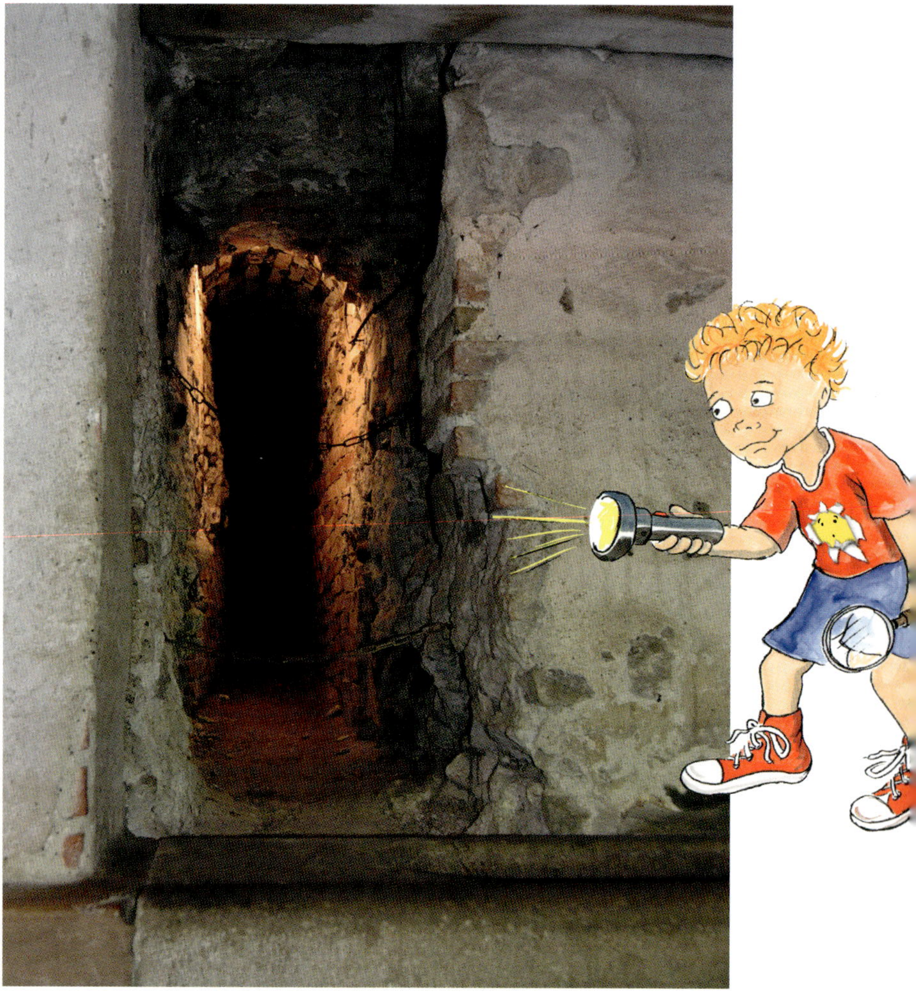

*Im ehemaligen Pferdestall der Burg kann man wenige Meter
in den Gang hineinsehen.*

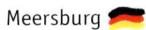

Gerade mal acht Jahre war die kleine Margret alt, als sie vor mehr als einem halben Jahrhundert mit einer Freundin in einen geheimen Gang stieg. Dieser Gang führte von der alten Meersburg unterirdisch zu einem am Bodensee gelegenen Hotel. Das Haus wurde bereits um 1295 erbaut, es diente aber erst seit Beginn des 19. Jahrhunderts als Herberge. In der Mitte des vergangenen Jahrhunderts gehörte eben dieses Hotel „Zum Schiff" Margrets Eltern. Und damals befand sich hinter dem Buffet im Restaurant des Hotels eine Holzluke, hinter der das Ende des Gangs verborgen war. Den Gang zu betreten, hatten die Eltern dem Mädchen ausdrücklich verboten. Aber etwas, das verboten ist, macht natürlich ganz besonders neugierig. Eines Tages, als die Eltern nicht zu Hause waren, öffneten Margret und eine Freundin die Luke. Mit einer Kerze und Zündhölzern ausgestattet stiegen die beiden Mädchen zögerlich die ausgetretenen Sandsteinstufen hinunter in die Dunkelheit. Dabei schlug ihnen das Herz bis zum Hals. Schon bald verließ sie der Mut. Aus Angst vor Ratten und anderem Getier kehrten sie nach wenigen Metern um. Sie fanden nie heraus, ob der Gang tatsächlich hoch zur Burg führte.

Als Anfang der 1950er-Jahre ein Teil des Hotels umgebaut wurde und mit dem hofseitigen Anbau ein Keller hinzukam, wurde der unterirdische Gang zugeschüttet. Im „Schiff" kann man also nicht mehr in den Gang hineinspähen. Aber es gibt

> **So geht's zum unterirdischen Gang:**
>
> Die alte Meersburg ist weder von der See- noch von der Landseite zu übersehen. Den Gang findet man, wenn man nach dem Holzsteg, der die ehemalige Zugbrücke ersetzt, rechts zur Nordbastion abbiegt. Dort stößt man auf den Stallanbau, in dem sich ein Quereinstieg des ursprünglichen Gangs befindet.

noch eine andere Öffnung! Diese befindet sich in der Meersburg, die als eine der ältesten Burgen aus dem frühen Mittelalter über dem Bodensee thront. Man entdeckt das Loch, wenn man über den Holzsteg geht, der über den Graben führt, und dann rechts abbiegt. Am Ende der Nordbastion steht ein Stallanbau aus dem Jahre 1570, in dessen Innern sich ein Zugang zum unterirdischen Gang befindet. Heute kann man nur noch wenige Meter in den Gang hineinblicken, und hineinsteigen darf man auch nicht, denn er ist mit zwei eisernen Ketten versperrt.

Aber auch diese Öffnung weckte in drei Meersburger Buben die Abenteuerlust: Mitte des 20. Jahrhunderts kletterten die neun und zehn Jahre alten Jungen vom Stallgebäude der Burg aus in den Tunnel. Die Brücke zur Burg war damals noch nicht so streng bewacht wie heute, und so gelangten die Jungs unbeobachtet zum ehemaligen Pferdestall. Der Zugang war zu jener Zeit mit einem Gitter versperrt. Die Buben überwanden es, indem sie einige Steine aus dem angrenzenden Mauerwerk entfernten und mit dem Fuß so lange gegen das Gitter traten, bis es nachgab. Mit wild pochenden Herzen und der Angst, entdeckt zu werden, stolperten sie den engen, holprigen Stollen entlang. Im Schein ihrer Taschenlampen ertasteten sie den unbehauenen Stein, stiegen über Sandhaufen und robbten an engen Stellen auf allen Vieren durch dichte Spinnweben. Nässe tropfte von der Decke auf sie herab, es roch modrig und immer wieder huschten Ratten an den drei Buben vorbei.

Nachdem sie eine ganze Weile durch den Gang gekrochen waren, stießen sie auf eine verschüttete Wand und kehrten um. Völlig verschmutzt erreichten sie den Einstieg im ehemaligen Pferdestall und schlichen sich hinaus. Nie wieder kam es ihnen in den Sinn, nochmals auch nur einen Fuß in den unheimlichen Tunnel zu setzen.

Mittlerweile gibt es genauere Vorstellungen, wie der Gang wahrscheinlich verlief. Laut einer Zeichnung des Architekten Erich van Meerendonk, die am 7. Mai 1956 im SÜDKURIER abgebildet war, führte er vom Alten Schloss bis zur „Winzertrinkstube", den heutigen „Winzerstuben", am unteren Ende der Steigstraße. Entdeckt hat man ihn bei Bodenaushubarbeiten für die neue Kegelbahn neben dem Weinlokal. Es handelte sich um einen gewölbten unterirdischen Gang mit kuppelförmiger Decke und geringem Durchmesser, der in sanfter Steigung zur Burg hinaufführte.

Doch warum wurde der unterirdische Gang überhaupt gegraben? Burgherrin Julia Naeßl-Doms berichtet, dass der geheime Gang 1334 vor einer drohenden Belagerung auf Geheiß des Freiherrn von Kenzingen von vierhundert Bergknappen aus dem Erzbergwerk Todtnau in den Felsen getrieben wurde und einst – tatsächlich – bis zum späteren Hotel „Schiff" führte. Damals war die Burg Schauplatz der „Bischofsfehde", einer kriegerischen Auseinandersetzung, in der nach einer Doppelwahl zwei Bischöfe um das Amt kämpften.

Einer von ihnen, Nikolaus von Kenzingen, verschanzte sich vierzehn Wochen lang in der Burg, die von kaiserlichen Truppen belagert wurde. Durch den verborgenen Gang ließ er Lebensmittel und Munition in die Burg bringen, die mit Booten von Konstanz her über den See geschafft wurden. Nach dreieinhalbmonatiger,

ergebnisloser Belagerung zog Kaiser Ludwig der Bayer ab und erkannte Nikolaus als Bischof an. Dass die Öffnung im ehemaligen Pferdestall auch der Originalzugang von 1334 ist, bezweifelt die Burgherrin: „An dieser Stelle befand sich zur damaligen Zeit die Wand der Nordbastion, die steil abwärts im Burggraben endete. Ein Einstieg an dieser Stelle ergibt keinen Sinn." Aller Wahrscheinlichkeit nach befindet sich der ursprüngliche Zugang im Innern der Burg. Er ist jedoch noch nicht entdeckt worden. Ein weiteres Geheimnis, das die Burg in ihren Mauern birgt.

Manuela Klaas

 Nach welchem Merowingerkönig ist der höchste und älteste Turm der Burg benannt worden?

a) Dagobert I.   b) Chlodwig II.   c) Theuderich III.

Tipp: Der Namensgeber hat einen berühmten Namensbruder, den es allerdings nicht wirklich gibt.

Windteufele

Ein Schelm in Gestalt einer Wetterfahne

Geheimnis

26

Wie ehemals der kleine Peter dreht das „Windteufele" mit gespreizten Fingern eine lange Nase gegen die Burg.

Über den Dächern von Meersburg treibt ein kleiner Teufel sein Unwesen! Wenn ihr die steilste Straße der Stadt, die Steig, vom See kommend etwa zur Hälfte erklommen habt, tut sich rechts eine Häuserlücke auf, die den Blick auf die Alte Burg freigibt. Nun schaut einmal zum Giebel des kleinen Häuschens mit der Nummer 27. Seht ihr die Wetterfahne in Gestalt eines Schelmen, der im Wind mit gespreizten Fingern eine Nase zeigt? Eigentümlicherweise dreht die kleine Figur mit der Narrenkappe und den Schellenschuhen die lange Nase so gut wie immer den Mauern der Burg zu. Die Segler des Yacht-Clubs, die den „Windteufel" Mitte des letzten Jahrhunderts zu ihrem Wappen erkoren, schieben das auf den häufig wehenden Westwind. Aber

die älteren Bewohner des Burgenstädtchens erzählen sich eine ganz andere Geschichte:

Vor vielen, vielen Jahren lebte auf der Alten Burg ein überaus hitzköpfiger und aufbrausender Ritter. Zum Zeitvertreib hatte er sich im tiefen Graben der Burg ein Gehege mit einigen wenigen Rehen angelegt. An das Wildgatter des Ritters grenzte ein kleiner Ziegenstall, der gehörte zum bescheidenen Haus eines Rebmannes, so nannte man früher die Weinbauern. Oft kam es vor, dass die Kinder des Winzers, wenn sie die eigenen Geißen fütterten, auch den Rehen des Burgherrn frische Grasbüschel durchs Gatter steckten. Doch anstatt sich zu freuen, dass es seinen Tieren schmeckte, zeigte sich der Ritter höchst ungehalten, da die Rehe die frischen Grasbüschel seinen trockenen Hirsegaben vorzogen. Und so schalt er die Kinder hoch oben von der Burg herab. Die Kinder, die nichts Böses im Sinn gehabt hatten, duckten sich furchtsam. Eines aber ließ sich durch den Schlossherrn nicht beeindrucken: Der kleine Peter gabelte – spreizte – seine beiden Hände vor dem Stupsnäschen und wies mit dieser Ungezogenheit gegen die Burg und ihren Besitzer hinauf. Voller Wut wegen der Respektlosigkeit des Jungen schmetterte der Ritter eine schwere Kupferkanne auf das Dach des Ziegenstalls hinunter. Zum Glück scheuchte er damit nur die Ziegen auf, die Mädchen und Buben kauerten sich aus Furcht vor weiteren Geschossen eng im Eingang des elterlichen Hauses zusammen.

Als die verängstigten Kinder am Abend ihren Eltern vom Einschlag der schweren Kupferkanne erzählten, fuhr diesen der

---

So geht's zum Windteufele:

Genau in der Mitte der Steigstraße öffnet sich vom See her der Blick auf die Alte Burg. Rechter Hand steht ein rot gestrichenes Haus, auf dessen Giebel sich das „Windteufele" dreht.

Schreck in alle Glieder. Nicht auszudenken, was hätte passieren können! Beherzt ergriff die Mutter das kupferne Wurfgeschoss und sprach damit bei der Burgherrin vor. Diese war von gütiger Natur und schüttelte missbilligend den Kopf über den Wutausbruch ihres Mannes. Tags darauf stieg sie mit ein paar Gulden in der Tasche zum Fuß der Burg hinab. Obendrein beauftragte sie den Zimmermann, das Loch im Dach des Ziegenstalles zu reparieren.

Die Jahre gingen ins Land. Der kleine naseweise Peter, der seine zehn Finger ehemals gegen den Burgherrn erhoben hatte, war inzwischen Blechner geworden. Viele Aufträge hatte der Handwerker in seinem Häuschen unter der Burg bereits für den einst so gefürchteten Ritter zu dessen Zufriedenheit ausgeführt. Als jedoch der Burgherr mit dem Anliegen an Peter herantrat, er wolle dessen Elternhaus kaufen, verweigerte ihm dieser den Zuschlag. Verärgert über diese Gegenwehr, beschimpfte ihn der Ritter mit den Worten: „Narr, du Narr!" Daraufhin schnitt der listige Peter aus einem großen Blech die Figur eines Narren mit Schellenkappe und befestigte sie als Wetterfahne auf dem Giebel der Blechnerei. Wie ehemals der kleine Bub dreht das Windteufele mit flatterndem Wams bis zum heutigen Tag sein „Gix-Gäbele" gegen die Burgfenster hinauf.

Manuela Klaas

Welche große deutsche Dichterin lebte und starb auf der Meersburg?

a) Johanne Juliane Schubert   *b) Sarah Kirsch*
c) Annette von Droste-Hülshoff

Tipp: Die Büste dieser Dichterin steht links neben der hölzernen Brücke, die zur Burg führt.

Geheimnis
27

Kleine Flötenspielerin

Tragischer Tod im Meersburger Hafen

Das Engelsrelief ist in die weiße Wand des Fachwerkhauses eingemauert.

Viele Einheimische und Besucher beachten ihn gar nicht, den kleinen Engel, der in die weiße Rückwand des Fachwerkhauses Winzergasse 4 eingemauert ist. Vielleicht ist das dem Engel ganz recht, denn er sieht schon ein wenig mitgenommen aus: Der Kopf und die linke Schulter fehlen ganz, am Fuß ist das vordere Drittel abgebrochen und die Flöte, die der Engel in der rechten Hand hält, ist nur noch zur Hälfte vorhanden.

So wenig der Engel wahrgenommen wird, so unbekannt ist auch das Geheimnis, das sich um ihn rankt und das an eine Verstorbene erinnert. Früher aber wurde die heute in Vergessenheit geratene Geschichte von Generation zu Generation weitererzählt: Das Steinrelief stellt das Abbild der einzigen Tochter eines Grethmeisters aus der Familie der Frowenknechts dar. Wann das kleine Mädchen genau gelebt hat, ist ungewiss. Bekannt ist jedoch, dass die Frowenknechts, die über Jahr-

Der kleine Engel sieht ein wenig mitgenommen aus.

hunderte das Amt des Grethmeisters im Meersburger Hafen innehatten, seit 1536 in der Stadt lebten. Dieses in früheren Zeiten sehr wichtige Amt gibt es heute nicht mehr. Der Grethmeister war für den Getreide- und Weinhandel zuständig und kontrollierte die Waren, die von den Lastenseglern im Hafen angeliefert wurden. Bei dieser Arbeit wich das kleine Mädchen ihrem Vater so gut wie nie von der Seite. Sie saß oft in der Nähe des Grethhauses, in dem das Getreide gelagert wurde, auf der Hafenmauer und spielte einfache, selbst ersonnene Melodien auf ihrer Flöte. Die Menschen in der Unterstadt und die

Segler, die auf den Transportschiffen arbeiteten, lauschten ihrem bezaubernden Spiel und schlossen die Kleine alsbald ins Herz.

In einem unbeobachteten Augenblick jedoch stürzte das Mädchen beim Musizieren von der Mauer ins Hafenbecken und ertrank. Die Meersburger waren zutiefst erschrocken über den tragischen Tod der kleinen Flötenspielerin. Unter großer Anteilnahme der Bevölkerung wurde sie auf dem Friedhof beerdigt, der sich damals noch an der Südseite der Pfarrkirche befand; heute ist dort ein Parkplatz. Beim Herunterlassen des Sarges, so geht die Legende, erklang von der Empore der Trauerkapelle auf wundersame Weise das liebliche Flötenspiel des kleinen Mädchens – so lange, bis der Sarg im Grab aufsetzte.

> **So geht's zur kleinen Flötenspielerin:**
>
> Das Relief hängt an der Wand gegenüber der Katholischen Pfarrkirche. Kirche und Hauswand sind durch den kleinen Parkplatz getrennt, der im vergangenen Jahrhundert auf dem Gelände des ehemaligen Friedhofs angelegt wurde. Rechts neben dem Relief befindet sich die Treppe, die zur Winzergasse hinabführt.

Warum das Mädchen mit Engelsflügeln abgebildet wurde, lässt sich nur vermuten: Vielleicht, weil sie so jung verstorben ist oder weil die Menschen sie und ihr Flötenspiel immer als engelsgleich empfanden? Doch das bleibt wohl für immer ein Geheimnis.

Manuela Klaas

 Welches Erlebnismuseum befindet sich im ehemaligen Dominikanerinnen-Kloster in der Kirchstraße 4?

a) die Bibelgalerie   *b) das Technorama*
c) die Experimenta

Deckengemälde
Pfui Spinne!

Geheimnis
28

Ein Deckengemälde, das gleich drei Geheimnisse in sich birgt.

Habt ihr Angst vor Spinnen? In der Kapelle des Neuen Schlosses sitzt eine Spinne seit fast dreihundert Jahren regungslos an der Decke. Sie ist ganz harmlos und ungefährlich und es muss sich auch wirklich niemand vor ihr fürchten: Der Künstler Gottfried Bernhard Göz hat sie 1741 in seinem riesigen Deckenbild über den Altar gemalt. Die Spinne krabbelt über den Rand eines goldenen Kelchs, den ein pausbäckiger Engel in der ausgestreckten Hand hält. Was aber hat die kleine Spinne in dem Bild überhaupt zu suchen? Einer im Mittelalter entstandenen Legende zufolge fiel dem Bischof Konrad von Konstanz während eines österlichen Hochamtes bei der Kommunion eine giftige Kreuzspinne in den Kelch. Der Bischof sah sich vor die Wahl gestellt: entweder die Heilige Messe abzubrechen oder die Spinne mit dem bereits in Christi Blut gewandelten Wein zu schlucken. Konrad entschied sich für Letzteres. Nach der

Bischof Konrad trägt die Gesichtszüge des Kardinals Damian Hugo von Schönborn, zu seinen Füßen befindet sich der goldene Kelch mit der Spinne.

Messe ging er nach Hause und erwartete den sicheren Tod. Die Spinne krabbelte jedoch unbeschadet aus seinem Mund und Konrad erfreute sich weiterhin bester Gesundheit.

Diejenigen unter euch, die sich mit Spinnen auskennen, werden jetzt vielleicht denken, dass es kaum verwunderlich ist, dass der Bischof überlebt hat. Die Kreuzspinne besitzt nämlich recht kurze Giftklauen, mit denen es ihr selten gelingt, die menschliche Haut zu verletzen. Auch ist ihr Gift für uns nicht tödlich. Aber vielleicht wussten das die Menschen ja damals noch nicht.

Dies ist jedoch nicht die einzige Geschichte, die der Maler in seinem Fresko, so nennt man eine solche Wand- und Deckenmalerei, dargestellt hat. Das gesamte Bild zeigt eine Kirchwei-

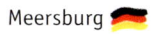

he im Jahr 948 in dem schweizerischen Ort Einsiedeln. So eine Weihe findet statt, wenn ein neu erbautes Gotteshaus erstmals genutzt wird. Die Einsiedler Kapelle sollte von eben diesem Konstanzer Bischof Konrad gesegnet werden. Als Konrad jedoch verspätet eintraf, wurde er zur ersten Nachtwache eingeteilt. Starker Weihrauchgeruch erfüllte das Gotteshaus und der Bischof, erschöpft von der Reise, fiel in einen Halbschlaf. Er träumte, dass Christus mit großem Gefolge vom Himmel herabstiege und die Kapelle selbst weihte, weshalb man auch von der „Einsiedler Engelweihe" spricht. Auf Göz' Darstellung schwingt Christus den Weihwedel, Bischof Konrad, im blauen Obergewand kniend, ist mit verklärtem Gesichtsausdruck in seinen Traum versunken. Göz malte den Bischof jedoch mit den Gesichtszügen des Kardinals Damian Hugo von Schönborn, der den Ausbau der barock ausgestatteten Kapelle in Auftrag gegeben hatte. Das Wort „barock" bedeutet eigentlich „unregelmäßig und schief". Aber meistens wird mit

Vieles deutet darauf hin, dass sich der Künstler Gottfried Bernhard Göz selbst im Gemälde dargestellt hat: Er soll derjenige sein, der dem Schwarzgewandeten mit Kapuze aufmerksam zuhört.

Die Spinne krabbelt über den Rand des goldenen Kelchs.

diesem Wort ein ganzes Zeitalter benannt. Es dauerte von 1575 bis 1770. Damals gefiel den Menschen alles, was Verzierungen und Schnörkel hat.

Wenn ihr die Schrift direkt unter dem Kardinal genau betrachtet, erkennt ihr die Signatur, also die Unterschrift, des

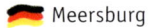

Künstlers Gottfried Bernhard Göz. Neben Damian Hugo von Schönborn stehen die Heiligen Gregor, Augustinus und Petrus, die im Gefolge Christi vom Himmel herabkommen.

Dieses Bild birgt aber noch ein weiteres Geheimnis: Möglicherweise hat sich der Künstler selbst im Gemälde verewigt.

So geht's zur Schlosskirche:

Die Kirche befindet sich am Schlossplatz hinter der hölzernen Tür im östlichen Eckpavillon neben dem Eingang des Neuen Schlosses.

Das war früher nichts Ungewöhnliches. Betrachtet einmal den Mann rechts außen, der dem Schwarzgewandeten mit Kapuze zuzuhören scheint. Er ist der Einzige, der nicht auf das eigentliche Geschehen blickt, sondern aus dem Gemälde herausschaut, was zur damaligen Zeit eine übliche Art für die Selbstabbildung eines Künstlers war. Auch sind seine Gesichtszüge nicht so lobpreisend wie die der übrigen Figuren.

Spannend, wie viele Geschichten ein so großes Bild erzählen kann. Vielleicht entdeckt ihr ja selbst etwas, das bisher noch keinem anderen aufgefallen ist.

Manuela Klaas

Was geschah mit dem Meersburger Bürgermeister Simon Weinzürn im Jahre 1461?

a) Er wurde im Bodensee ertränkt.
b) Er wurde des Landes verwiesen.
c) Er wurde Mönch.

Tipp: Solltet ihr zufällig an einem Wochenende Mitte Oktober in Meersburg sein, dann seht euch das Schauspiel auf dem Mittelaltermarkt an. Hier wird die Geschichte Simon Weinzürns nacherzählt. Und wenn ihr zu einem anderen Zeitpunkt in Meersburg seid, fragt einfach einen Einwohner des Burgenstädtchens. Er gibt euch bestimmt die richtige Antwort.

Stadtmauer

Martin Baldauf hatte Hunger

Ein letztes Überbleibsel der alten Stadtmauer.

In Friedrichshafen muss heute kaum noch jemand Hunger leiden. Es gibt dort nämlich ganz viele Restaurants und Cafés, in denen man lecker essen kann. Und Läden, in denen man Essen kaufen kann, gibt es natürlich auch. Das war aber nicht immer so. In der Stadt findet sich noch ein Relikt, das an schlimme Zeiten und an Hungersnöte erinnert. Und das ist ausgerechnet eines, das ohnehin schon Rätsel aufgibt: das alte Gemäuer, das die Stadt in Richtung Parkhaus am See begrenzt und das so gar nicht zum modernen Friedrichshafen passen will. „Bei dem Mauerwerk handelt es sich um den letzten Rest der Stadtmauer", lüftet der ehemalige Oberbürgermeister, Josef Büchelmeier, das Geheimnis. Und die schützte Friedrichshafen, das damals noch Buchhorn hieß, vor dem Feind. „Der

Feind", das waren vor allem die Schweden und die Kaiserlichen im Dreißigjährigen Krieg. Wenn man ein bisschen in den Büchern stöbert, die über Friedrichshafen geschrieben wurden, dann findet man auch schnell die Antwort darauf, was die Stadtmauer mit der Hungersnot zu tun hat: Über diese Mauer kletterte nämlich ein Mann, der Martin Baldauf hieß, und stahl Obst. Der Hunger hatte ihn zu jener Tat getrieben, doch Martin Baldauf wurde erwischt und landete im Diebesturm. Das war im Jahr 1633, also vor fast 400 Jahren. Im Februar marschierten kaiserliche Truppen in die Stadt und wünschten, bezahlt und verpflegt zu werden. Die Besetzer hatten ziemlichen Appetit und die Buchhorner mussten ihnen fast alles geben, was sie hatten, sodass sie selbst noch mehr hungern mussten. Ein Jahr zuvor hatten die Schweden Buchhorn eingenommen und auch kaiserliche Soldaten waren über die Stadt hergefallen und hatten sie geplündert.

Und 1634, ein Jahr nach Baldaufs Mundraub, kamen die Schweden nochmals nach Buchhorn. General Horn fiel mit seinen Truppen in der Nacht zum 15. Mai dort ein und machte es zum schwedischen Kriegshafen. Da wäre Martin Baldauf auch nicht mehr so leicht über die Mauer gekommen, über die er gestiegen war, um das Obst zu stehlen, denn die Schweden verstärkten sie.

Im Sommer 1634 kam es zu heftigen Kämpfen: Max Willibald von Wolfegg und Oberst Vitzthumb kämpften für die Befreiung Buchhorns. Sie kamen zu Land und zu See und nahmen auch keine Rücksicht auf Hungersnöte, als sie die Obstbäume im Klostergarten zugunsten eines freien Schussfeldes einfach abholzten. Es war ein langer, erbitterter Kampf. Das Kloster Hofen brannte vollständig nieder und die

Schweden steckten auch noch weitere Gebiete in Brand. Der Feuersbrunst folgte die Erleichterung: Im Herbst 1634 erlitten die Schweden bei Nördlingen eine schwere Niederlage und zogen sich aus Süddeutschland zurück. Wirklich durchatmen konnten die Buchhorner allerdings nicht: Nun kamen die Kaiserlichen, machten es sich in der Stadt bequem und ordneten an, alle Mauern und Befestigungen zu entfernen. Sie hatten gelernt, dass solche Mauern durchaus auch den Feind schützen können, wenn er sich erst einmal innerhalb davon befindet.

So geht's zu den Stadtmauerresten:

Die Stadtmauer-Reste befinden sich an dem Eckhaus Karlstraße/Uferpromenade. Man kann sie vom Parkhaus am See (Eingang) aus gut sehen.

Widerwillig taten die Buchhorner wie ihnen geheißen und rissen ihre schönen Mauern ab. Erst 1651 wurden die Stadtbefestigungen mit Toren und Türmen wiederaufgebaut. Teile der ganz alten Mauer gibt es wahrscheinlich nicht mehr. Insofern erinnert der Stadtmauerrest zwar an die Wirren des Dreißigjährigen Krieges und die Hungersnot des Volkes, aber vermutlich ist es kein Teil der ursprünglichen Stadtmauer. Doch wer weiß: Vielleicht hat der Obstdieb Martin Baldauf ja beim Bau der neuen Befestigung geholfen?

Eva-Maria Bast

Von wann bis wann dauerte der Dreißigjährige Krieg?

a) von 1618–1648   b) von 1602–1632
c) von 1634–1664

● *Tipp: Lest mal nach, wann Martin Baldauf das Obst gestohlen hat.*

Geheimnis

30

Schienenreste
Bockiges Schaf und Wäschekörbe

Die merkwürdigen Schienenreste.

Hat die Bahn da ein paar Schienen verloren? Diesen Eindruck gewinnt man, wenn man die Mörikestraße in Friedrichshafen bis zum Ende geht. Auf einem Stück Wiese, unmittelbar vor den Schrebergärten, liegen Bahngleise. Das wäre an sich nichts Komisches, zumal die Kombination Schrebergärten und Bahngleise ja recht häufig vorkommt. Aber diese Bahngleise machen wirklich keinen Sinn: Sie sind nur etwa zehn Meter lang und enden dann ganz plötzlich.

Der Häfler Günter Ackermann, stellvertretender Chefredakteur beim SÜDKURIER, das ist die größte Tageszeitung zwischen Bodensee, Hochrhein und Schwarzwald, weiß das Geheimnis um die Gleise zu lüften und erzählt, dass das die Reste einer alten Bahnlinie, der „Teuringer Talbahn" sind. Und die Geschichte der Teuringer Talbahn, das ist eine ganz besondere Geschichte, die auch von frechen Schafen handelt.

Im Herbst 1919 wurde mit dem Bau der Teuringer Talbahn begonnen. Damals fing in Deutschland die „Inflation" an: Wenn man etwas kaufen wollte, musste man im Lauf der Zeit immer mehr Geld dafür bezahlen, das heißt, die Preise stiegen. Das lag daran, dass Deutschland den Ersten Weltkrieg verloren hatte und Geld an die früheren Gegner zahlen musste, damit diese in ihren Ländern das wiederaufbauen konnten, was im Krieg zerstört worden war. Diese „Reparationen" zu bezahlen, war nicht leicht: Der Staat hatte kein Geld, musste Kredite aufnehmen und dafür Zinsen bezahlen. So wurden die Schuldenberge immer größer – und der Staat druckte Geldscheine, um die Schulden bezahlen zu können. Dadurch war aber mehr Geld im Umlauf, als es Waren zu kaufen gab, also wurden die Waren teurer: So entstand die Inflation. Eigentlich könnte man denken, das das praktisch ist, oder? Man hat kein Geld, also druckt man welches. Aber so einfach ist das eben nicht. Ihr wisst sicher, warum Gold so wertvoll ist? Genau: weil es so wenig davon gibt. Wenn es mehr Gold gäbe, wäre es auch nicht so wertvoll. Und so ist es auch mit dem Geld – immer mehr wurde gedruckt, bis zur sogenannten „Hyperinflation" 1923, als man keine Geldbeutel mehr verwendete, sondern die Geldscheine beim Einkaufen im Wäschekorb zum Laden trug. Weil es eben so viel gab, dass auch ganz große Scheine, eine Billion zum Beispiel, kaum noch etwas wert waren.

Als die Teuringer Talbahn gebaut wurde, hatte die Inflation schon begonnen. Ein Beispiel: „Im August (1919) kostete eine Tonne Stahlschienen 700 Mark, im Oktober 260 Mark mehr, im Laufe des Oktober stiegen die Preise auf 1350 Mark", erzählt Karl-Hermann Weidemann, der sich sehr gut mit der Eisenbahngeschichte am Bodensee auskennt. Wieder und wieder wurde deshalb überlegt, ob man den Bau einstellen solle, aber man hat die Schienen dann doch immer weiter gebaut. Die Anwohner waren ziemlich stolz darauf und die Bahn verkehrte eine ganze Weile auf diesen Schienen. Aus jener Zeit weiß Karl-Hermann Weidemann eine amüsante Geschichte zu berichten: „Viele Kinder hatten ein, zwei Schafe, die frei herumlaufen durften." So auch das Tier Liese, das sich oft am Bahndamm der Teuringer Talbahn aufhielt. „Und immer wenn das Gebimmel des Bähnles erklang, rannte sie und stellte sich mitten ins Gleis und wich nicht", erzählt Weidemann schmunzelnd. Der Lokführer, ein Mann, der auf den Nachnamen Fischer hörte, sei dann zum Anhalten gezwungen gewesen. „Er musste aussteigen und das Schaf wegjagen." Das glückte auch, aber bis der Lokführer wieder eingestiegen war, war Liese auf die Gleise zurückgekehrt.

Allzu lang fuhr die Teuringer Talbahn nicht: Ab dem Sommerfahrplan 1954 stellte man den Personenverkehr ein und Mitte Februar 1960 wurde die ehemalige Teuringer Talbahn endgültig stillgelegt. Nur die Gleise vor den Schrebergärten blieben zurück und erinnern an eine Zeit, in der ein Laib Brot viele Millionen Mark kostete.

So geht's zu den Gleisen:

Wer in der Mörikestraße am Zeppelinstadion vorbei in Richtung Löwental geht, findet am Ende der Straße vor den Schrebergärten die Gleise der Teuringer Talbahn.

Eva-Maria Bast

? In welchem Jahr wurde die Bodensee-Gürtelbahn Radolfzell-Überlingen-Friedrichshafen durchgehend eröffnet?

a) 1755   b) 1901   c) 2001

Gelenk und Filter

Schutz vor Fischen und Treibholz

Der Filter und das Kugelgelenk.

Nein, das ist kein Papierkorb! Das ist ein alter Filter, der viele Jahre lang im Bodensee ruhte. Und das, was daneben liegt, ist ein Kugelgelenk der 1916 verlegten See-Entnahmeleitung. Beides liegt – oder steht – im Vorgarten des Seewasserwerks vom Stadtwerk am See. Und schon so mancher Spaziergänger blieb rätselnd vor den beiden merkwürdigen Gegenständen stehen – oder benutzte den in der Tat wie einen Mülleimer

aussehenden Filter für die Entsorgung seines But-
terbrotpapiers. Wenn man nun weiß, dass der
Mülleimer ein Filter ist und das Kugelgelenk zur
See-Entnahmeleitung gehörte, dann sind damit
noch lang nicht alle Fragen beantwortet, im
Gegenteil wirft das eher noch weitere Fragen
auf: Was hat es mit der See-Entnahmeleitung auf
sich? Warum brauchte sie ein Kugelgelenk? Und
weshalb befindet sich selbiges jetzt an Land? Nebst
einem merkwürdig aussehenden Filter?

Alexander Belard vom Stadtwerk am See
hat Antworten auf all diese Fragen. „Wir holen das Trinkwasser aus dem Bodensee, und
für diesen Zweck haben wir in einer Tiefe
von knapp 40 Metern Leitungen verlegt,
die auf dem Seegrund verlaufen." Kugelgelenke brauche man, weil es sich beim
Seegrund keineswegs um eine ebene Fläche handle. „Wenn die Leitungen starr wären, würden sie schnell brechen, wenn sie
auf eine Unebenheit oder gar einen Felsen treffen", erklärt der Wassermeister.
„Durch die Kugelgelenke können sich die
Leitungen dem Seegrund anpassen."

Von 1916 bis 1970 schlummerte das Gelenk
auf dem Grund des Bodensees. Dann mussten
drei neue Leitungen verlegt und Teile der alten
Leitung von 1916 mussten abgebrochen werden,
denn sie war schadhaft geworden und konnte
den steigenden Bedarf nicht mehr decken. Unter den Abbruchteilen war das Kugelgelenk. Doch
nicht nur das Gelenk wurde dem kühlen Nass ent-
nommen, auch das korbartige Gebilde, der Filter,

kam an die Oberfläche und wurde neben dem Kugelgelenk im Garten des Seewasserwerks platziert. Übrigens handelte es sich dabei wirklich um eine Art Unterwasser-Mülleimer.

So geht's zum Gelenk und zum Filter:

Das Kugelgelenk und der Filter befinden sich im Garten der Wasserentnahmestation der Technischen Werke Friedrichshafen am Königsweg 19. Den Königsweg erreicht man über den Hoföschweg.

„Er saß an der Stelle, an der das Seewasser in die Leitungen floss, und sorgte dafür, dass nichts hineinschwamm, was nicht hineingehörte", erklärt Belard.

Auch heute noch befindet sich ein – allerdings deutlich modernerer – Filter über dem Leitungseingang und sorgt dafür, dass zum Beispiel keine Fische in die Leitung schwimmen. Würde das passieren, würden sie zwar nicht gleich aus dem Wasserhahn flutschen, denn das Wasser wird vorher ja noch oft gereinigt. Aber angenehm wäre es für den Fisch sicher nicht, wenn er in einer Leitung stecken würde, statt im weiten Bodensee zu schwimmen.

Eva-Maria Bast

 Wann schlossen sich Buchhorn und Hofen zur Stadt Friedrichshafen zusammen?

a) 1711   b) 1811   c) 1911

Tipp: Fragt mal einen "Häfler", so nennen sich die Bürger Friedrichshafens, was für ein Stadtjubiläum sie 2011 feierten. Das war nämlich ein großes Fest. Ihr könnt natürlich auch in der Tourist-Information fragen.

St. Georg

Mutige Männer und schreckliche Drachen

Hoch oben am Kirchturm der St. Georg-Kirche ist das Bild des furchtlosen Drachentöters zu sehen.

Gab es sie wirklich, die feuerspeienden Drachen, gegen die die edlen Ritter des Mittelalters kämpften? Oder sind Drachen reine Fabelwesen? Bis in die Neuzeit, die nach dem Mittelalter im 16. Jahrhundert begann, glaubten die Menschen, dass Drachen tatsächlich existieren. Sie stellten sie sich als schlangenartige

Mischwesen vor, die das Aussehen von Reptilien, Raubtieren und Vögeln in einem Körper vereinen. Auf Zeichnungen erscheinen sie meist geflügelt mit Adlerklauen oder Löwenpranken und schillern in den prächtigsten Farben. Eigentlich echt schöne Tiere. Und doch ist der Drache in unserer westlichen Welt ein Sinnbild des Bösen.

So geht's zur Kirche:

Die Pfarrkirche St. Georg liegt im Südteil der Halbinsel Wasserburg inmitten des ummauerten Kirchhofes.

Die Katholische Pfarrkirche auf der Halbinsel Wasserburg ist nach einem Heiligen benannt, der einen solchen „Lindwurm", wie die Menschen den Drachen früher nannten, besiegt haben soll. Allerdings nicht zu Zeiten der Ritter im Mittelalter, sondern wesentlich früher: Georg lebte vermutlich gegen Ende des 3. Jahrhunderts. Das ist nun schon so lange her, dass man sich davon fast gar keine Vorstellung mehr machen kann: ganze siebzehnhundert Jahre! Die Legende um den heiligen Georg brachten jedoch erst die Kreuzritter im 12. Jahrhundert aus Nordafrika mit nach Europa. Diese Ritter, die im Namen des Papstes um die christlichen Pilgerstätten in Jerusalem kämpften, verehrten Georg wegen seiner ritterlichen Tugenden, die ihnen gefielen und denen sie nacheiferten. Doch was hat der heilige Georg eigentlich genau getan?

In einem See bei der Stadt Silena in Lybien – das liegt in Nordafrika – hauste einst ein Drache, der die Menschen in Angst und Schrecken versetzte. Mit seinem Schwanz peitschte er das Wasser, sodass die Wellen bis an die Mauern der Stadt schlugen. Er war hungrig und verlangte von den Bewohnern Silenas, dass sie ihm Nahrung gaben. Es dauerte nicht lange, da reichte dem gefräßigen Untier all das Korn und Gemüse nicht mehr und es forderte etwas Lebendiges. Die

Bewohner taten wie ihnen geheißen und brachten dem Drachen jeden Tag zwei Schafe. Doch bald gab es keine Schafe mehr in Silena. In ihrer Not gingen die Menschen zu ihrem König und fragten ihn um Rat. Und der entschied: „Gebt dem Drachen Menschenfleisch!" Von nun an wurde täglich das Los geworfen, wer dem Untier zum Opfer fallen sollte. Die Silener lebten in großer Furcht, ihre Herzen waren schwer vor Trauer und Gram. Eines Tages traf das Los die Tochter des Königs. Dieser wollte sein Kind mit Gold und Silber freikaufen. Doch das Volk blieb hart. Auch der König musste sich dem Gesetz beugen, das er selbst gegeben hatte. Die Königstochter wurde vor die Tore der Stadt geschickt. Als sie dort voller Angst wartete, was geschehen würde, begegnete ihr ein Reiter. Es war Georg, der sich wunderte, dass sie so ganz allein unterwegs war. Er sprach die Prinzessin an und nannte seinen Namen. In diesem Moment erklang ein fürchterliches Gebrüll und der gierige Drache näherte sich den beiden, Feuer und Schwefel spuckend. Mutig griff Georg zu seiner Lanze, gab dem Pferd die Sporen und ritt geradewegs auf das Untier zu. Es entbrannte ein Kampf auf Leben und Tod, bei dem schließlich der tapfere Georg mit seiner Lanze den Hals des Drachen durchbohrte. Als die Menschen sahen, dass das Ungeheuer besiegt zu Georgs Füßen lag, dankten sie ihrem Retter. Der König, der seine Tochter überglücklich in die Arme schloss, wollte ihn mit Gold und Edelsteinen belohnen. Georg aber verteilte die Schätze unter den Armen und

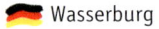

ermunterte die Menschen, es ihm gleich zu tun und mit Gottes Kraft das Böse zu besiegen. Aus Dankbarkeit ließen sich die befreiten Bewohner taufen.

Der heilige Georg ist in der Wasserburger Kirche gleich an mehreren Stellen zu sehen: Außen am Kirchturm ist ein Wandbild aufgemalt, im Innenraum findet sich eine in Weiß und Gold gefasste Figur des Kirchenpatrons, im großen Deckengemälde sieht man ihn im linken Vordergrund, und selbst auf einem Schachtdeckel vor der Kirche ist der Heilige verewigt. Immer ist er mit seiner Lanze hoch zu Ross abgebildet, unter ihm liegt der besiegte Drache. Es ist das Motiv des christlichen Kampfes gegen das Böse. Hierbei steht der Drache für das Geschöpf, das Tod und Vernichtung in die Welt bringt. Er spiegelt dabei auch die Angst der Menschen vor großen Naturkatastrophen wider. Die Legende des heiligen Georg zeigt, dass das Gute auch fast unbezwingbare Plagen besiegen kann – und das ist doch schön zu wissen, oder?

Manuela Klaas

 In welchen Jahren war der See komplett zugefroren, so dass man ihn zu Fuß überqueren konnte?

a) 1239, 1603 und 1789 b) 1334, 1469 und 1947 c) 1573, 1830 und 1963

Tipp: Seht euch einmal die Steintafeln auf dreien der vier Hauptpfeiler in der St. Georg Kirche ganz genau an.

Steinrelief

Mit dem Teufel im Bunde

Das Steinrelief erinnert an den „Hexenrichter" Bartholomäus Heuchlinger.

Hexen. Bei diesem Wort denkt man an buckelige alte Frau-
en mit Hakennase, riesiger Warze am Kinn und einem Besen.
Hexen galten im Mittelalter als etwas sehr Böses. Sie wurden

verfolgt, gefoltert und auf dem Scheiterhau-
fen verbrannt. Aber dabei waren sie gar nicht
unbedingt böse! Als Hexen bezeichnete
man nämlich oft kluge Frauen, die
sich mit Kräutern und Wildpflanzen
besonders gut auskannten. Sie benutzten zum Beispiel das Johannis-
kraut als Heilmittel für Stichverletzungen,
die zur damaligen Zeit recht häufig waren. Die Kräuterfrauen
wussten auch, dass die Pflanzen an bestimmten Tagen geern-
tet werden mussten, damit sie ihre volle Wirkung entfalten.
Bei Thymian und Lavendel war es nämlich wichtig, dass man
sie bei Vollmond schnitt. Doch dieses Wissen war vielen Menschen unheimlich. Und wenn die heilenden Kräuter einmal
nicht halfen, warf man den Kräuterfrauen vor, dass sie mit
dem Teufel im Bunde seien. So geschah es Mitte des 17. Jahrhunderts auch in Wasserburg. Nur dass es hier hauptsächlich
Männer, also Hexer, waren, die verurteilt wurden.

In der Zeit von 1655 bis 1664 wurden fünfundzwanzig
Menschen aus der Herrschaft Wasserburg – heute Wasserburg,
Nonnenhorn und Bodolz – hingerichtet, die man der Hexerei
beschuldigte. Siebzehn von ihnen waren Männer. In früheren
Zeiten waren die Menschen sehr abergläubisch. Wenn die Tiere
im Stall krank wurden oder die Ernte schlecht ausfiel, konnten
sie sich das nicht erklären und beschuldigten dann Nachbarn
und sogar Familienangehörige der Hexerei. Oft geschah dies
aber auch, weil sie jemanden loswerden wollten, der ihnen
nicht passte.

Damals herrschte in Wasserburg die Familie Fugger, reiche
schwäbische Kaufleute aus Augsburg, die in den Adel aufge-
stiegen waren. Da sich die Fugger jedoch selten in Wasserburg
aufhielten, verwaltete ein Oberamtmann die Stadt. Während
der Hexenverfolgungen stand Bartholomäus Heuchlinger als

Stellvertreter des Landesherrn an der Spitze des Ortes. Ein Sandsteinrelief an der Nordwand der St. Georg-Kirche erinnert noch heute an jenen Beamten, der die Hexenprozesse leitete. Einen Häftling jedoch konnte auch Bartholomäus Heuchlinger – trotz unmenschlichster Behandlung – nicht beugen: Hans Sommer. Er wurde der Hexerei beschuldigt, weil er sich schon als kleiner Bub in der Schule und auf der Gasse rühmte, er sei mit seinem „änli" – seiner Großmutter – durch den Kamin hinaus-gefahren. Das war eine Angeberei, wie sie jeder Bub in seinem Leben einmal zum Besten gibt. Hans Sommer jedoch wurde sie zum Verhängnis. Denn den Wasser-burgern genügte diese Geschichte als Beweis, dass er mit dem Teufel im Bunde war. Auch glaubte man damals, dass das Hexen von den Eltern oder Großeltern vererbt würde. Erschwerend kam hinzu,

So geht's zum Steinrelief:

Das Relief ist in die Kirchen-Nordwand neben dem Turm der Pfarrkirche St. Georg auf der Halbinsel Wasserburg eingelassen.

dass Sommers Schwiegereltern ihn verdächtigten, den Kühen die Milch genommen zu haben. Sie erzählten, Hans Sommer habe im Stall des Schwagers ein erst kürzlich gekauftes Stier-junges sehen wollen. Am nächsten Tag sei das Tier erkrankt. Auch die Kuh, die daneben stand, „habe von Stund' an keine Milch mehr gegeben". Dies wirkte sich besonders belastend aus – schließlich, so sagte das Gericht, kannte ihn niemand so gut wie die eigene Verwandtschaft.

Hans Sommer musste unter der Folter schwere Qualen er-leiden und trotzdem gestand er keine einzige der gegen ihn er-hobenen Anschuldigungen. Er vergoss nicht einmal eine Träne, „obwohl er manchmal so getan habe, als wolle er weinen", wo-rin Oberamtmann Heuchlinger den Pakt mit dem Teufel bestä-tigt sah. Denn nach alter Überlieferung war die Tränenlosigkeit

ein sicheres Zeichen dafür, dass Hexen und Hexer durch den Schweigezauber geschützt werden. Die Gnade des Weinens war allein den Büßern, also denjenigen, die ihre Taten bereuten, vorbehalten. Hans Sommer war einer der wenigen Angeklagten, die nicht hingerichtet wurden. Bis zuletzt beteuerte er seine Unschuld. Es war nämlich damals so, dass niemand ohne Geständnis verurteilt werden durfte. Außer Hans Sommer wurden nur drei weitere Personen wieder freigelassen. Die meisten Opfer aber gestanden aus lauter Angst vor weiteren Qualen die Taten, die man ihnen vorwarf.

Im Erdgeschoss des Malhauses, dem damaligen Rats- und Gerichtshaus, das direkt neben der Pfarrkirche St. Georg steht, kann man noch heute die Zellen der Gefangenen besichtigen. Genau wie damals sind sie mit Stroh ausgelegt. Im oberen Geschoss befand sich der Gerichtssaal, in dem die Urteile gesprochen wurden. Hundert Jahre nach der letzten Hexenverbrennung in Wasserburg nutzte man das leerstehende Malhaus als Schule, 1979 wurde es schließlich zum Museum.

Gut, dass die meisten Menschen heute nicht mehr so abergläubisch sind wie früher. Dadurch können diejenigen, die wilde Kräuter sammeln und daraus Tee kochen, um Kranken zu helfen, sicher sein, dass sie niemand mehr als „Hexe" verpetzt.

Manuela Klaas

 Wie heißt eine berühmte Romanfigur, nach der sich viele Restaurants und Hotels in Wasserburg benannt haben?

a) die heilige Johanna   b) der liebe Augustin
c) die fromme Helene

Antoniuskapelle

Wo Besen vor der Kirchentüre stehen

Wer ein „Oise" hat, lehnt einen Besen an die Holztüre der Kapelle.

Wem ist nicht schon einmal etwas verloren gegangen! Euch auch? Etwas, das sehr wichtig war, weswegen ihr dann auch stundenlang danach gesucht habt? Das passiert jedem mal –

einigen ein bisschen häufiger als anderen. Manch einer wendet sich in seiner Verzweiflung an den heiligen Antonius von Padua. Denn ihm wird nachgesagt, dass mit seiner Hilfe verlorene Dinge wieder auftauchen. Oft klappt es, und die glücklichen Finder sind dann sehr verwundert, wie schnell ihnen einfiel, an welchem Ort sie nachsehen müssen. Im Volksmund spricht man bei dem Schutzpatron der Suchenden auch vom "Schlamper-Toni". Na, das ist ja wohl ein ziemlich respektloser Name für einen Heiligen! Ein hoher Geistlicher des Bistums Würzburg stellte deswegen auch vor einigen Jahren richtig: „Antonius ist nicht der Leiter des himmlischen Fundbüros."

Eigentlich ist die Sache mit dem Suchen nämlich nur ein riesengroßes Missverständnis: Ein im Mittelalter viel verwendetes Lobgebet auf Antonius begann mit den Worten „Wenn du suchst ..." Gemeint war damit die Suche nach dem inneren Frieden, doch die Gläubigen verstanden den Sinn der Worte ganz anders.

Weil Antonius von Padua einer der am meisten verehrten Heiligen ist, gibt es wohl kaum eine Kirche auf der Welt, in der ihm nicht ein Altar, ein Gemälde oder eine Statue geweiht ist. So ist es auch bei der kleinen Kapelle auf dem Bergle bei Selmnau. Im Innern des Gotteshauses stehen sich jedoch gleich zwei Heilige gegenüber, die denselben Vornamen haben: Antonius von Padua und Antonius der Einsiedler. Der Einsiedler? So wurde er genannt, weil er sein gesamtes Hab und Gut an die Armen verschenkte und dann alleine in die Wüste ging. Die Menschen suchten alsbald Rat bei dem Eremiten – so nennt man jemanden, der ganz für sich allein und weit weg von den übrigen Menschen lebt. Vor allem Bauern, die ein krankes Schwein hatten, baten Antonius um Hilfe, denn zur damaligen Zeit war das Schwein im Stall ein Anzeichen für einen gewissen Wohlstand und sie wollten es nicht verlieren. Wie der „Schlamper-Toni" hat auch

Antonius der Einsiedler in manchen Gegenden einen Spitznamen: So wird Antonius Abbas, so lautet nämlich der richtige Name dieses Antonius, im Saarland als „Sau-Toni" bezeichnet und im Bistum Münster nennt man ihn den „Schwiene-Tüns", mundartlich für „Schweine-Antonius". Das kommt aber daher, dass man auf dem Dorf oft die Namen von guten Bekannten abkürzt und mit seinem wichtigsten Merkmal in Verbindung bringt: Holz-Michel, Kohlen-Karl oder eben Sau-Toni oder Schwiene-Tüns.

Die Antoniuskapelle im Ortsteil Selmnau.

Doch Antonius der Einsiedler war nicht nur für die kranken Tiere da. Er kümmerte sich auch um die Pestkranken. Die Beulenpest war einer der Schrecken im Mittelalter. Aber es gab noch eine andere schlimme Krankheit: das Antoniusfeuer. Dieses „Heilige Feuer" war kein richtiges Feuer, sondern die Menschen verstanden es als Strafe Gottes: Die Kranken wanden sich unter starken Schmerzen, als litten sie unter einem inneren Feuer. Oft wurden ihre Arme und Beine schwarz, als wären sie verbrannt. Damals wusste man nicht, warum das geschah. Erst im 17. Jahrhundert erkannte man, dass ein giftiger Pilz, das Mutterkorn, die Ursache ist. Das Mutterkorn wächst vorwiegend in Roggenähren. Schon eine ganz kleine Menge dieses Schimmelpilzes ist tödlich. Oft befand er sich im Mehl, das zum Brotbacken genommen wurde. Menschen, die dieses Brot dann aßen, bekamen schwere Vergiftungen.

Der Pflege der am Antoniusfeuer Erkrankten widmete sich im Mittelalter besonders der Antoniter-Orden, der sich nach

dem heiligen Antonius benannte. Als Dank erhielt dieser Orden das Vorrecht, Schweine frei weiden zu lassen, was den Mönchen das Futter für die Tiere sparte. So mag es durchaus mehrere Gründe geben, warum Antonius der Einsiedler immer mit einem Schwein an seiner Seite dargestellt wird – auch in der Antoniuskapelle in Selmnau.

So geht's zur Antoniuskapelle:

Die Kapelle steht auf einem Moränenhügel im Ortsteil Selmnau. Von hier aus hat man einen weiten Ausblick auf Bodensee und Alpen.

Seit langem ist es Brauch, dem heiligen Antonius auf dem Bergle „einen Besen zu opfern", wenn man an Furunkeln leidet, also an jenen Geschwüren, die den Pestbeulen ähneln. Nicht selten stehen fünf oder sechs Reisigbesen vor der Kapelle. Wer ein „Oise" hat – das ist ein altes schwäbisches Wort für Furunkel – muss einen Besen geschenkt bekommen. Bei der Übergabe darf jedoch kein Wort gesprochen werden. Der Beschenkte nimmt den Besen und geht wortlos hinauf zur Antoniuskapelle. Dort opfert er den Besen, indem er ihn an die Holztüre der Kapelle lehnt und betet. Danach kann er voller Zuversicht nach Hause gehen und – der Furunkel verschwindet der Sage zufolge! Der Besen gilt dabei als Symbol der Reinigung. Und dieser Brauch scheint auch tatsächlich zu wirken. Wie sonst ist es zu erklären, dass sich in so manchem Jahr die Reisigbesen auf dem Dachboden der Kapelle stapeln?

Manuela Klaas

Wie viele Meter misst der Bodensee an seiner tiefsten Stelle?

a) 1 Meter   b) 100 Meter   c) 254 Meter

Glocke

Ein Mahnmal für den Frieden

Geheimnis

35

Deutlich zu sehen ist der Riss, den die Lindauer zu reparieren versuchten, als die Glocke nach Kriegsende in ihre Stadt zurückkehrte.

Könnt ihr euch einen Gottesdienst ohne Glockengeläut vorstellen? Bestimmt nicht.

Glocken gibt es schon sehr lange und das nicht nur in christlichen Kirchen. Die ersten Glocken sollen vor rund 9000 Jahren in China geläutet haben!

Ihr Geläut teilte früher den Tag ein. Die Menschen, die damals noch keine Uhren hatten, wussten so, wann ihre Arbeit begann: eben dann, wenn die Glocke zur vollen Stunde schlug.

Und noch etwas war besonders an ihnen: Wenn Glocken erklangen, dann herrschte Frieden. Zu Kriegszeiten wurden Glocken nämlich eingeschmolzen, um aus dem Metall Kanonenkugeln zu gießen.

So wäre es um ein Haar auch der größten Glocke von Lindau im Zweiten Weltkrieg ergangen. Doch die Lindauer hatten Glück: Heute steht die über 400 Jahre alte Glocke in ihrer ganzen Pracht neben dem Eingang der St. Stephanskirche. Nur einen winzigen Schönheitsfehler hat sie, einen Riss. Er zeugt davon, dass die Glocke den Krieg mit einer geringen Wunde überstanden hat – gerade so, als hätte man sich im Spiel beim Hinfallen das Knie aufgeschürft. Wie es dazu kam, erzählt die folgende Geschichte:

In der schlimmen Zeit des Zweiten Weltkriegs mussten Pfarrer in Deutschland Kirchenglocken abliefern, damit sie eingeschmolzen und Waffen daraus gemacht wurden. Der Lindauer Pfarrer der St. Stephansgemeinde musste sich in dieser schweren Zeit entscheiden:

Fünf kleine und eine große Glocke hingen im Turm seiner Kirche. Welche sollte er abliefern? Schließlich entschied er sich dafür, die große Glocke anstelle der vielen kleinen herzugeben. Diese Glocke war im Jahre 1608 in der Glockengießerwerkstatt von Leonhard Ernst aus Glockenbronze gegossen worden. Glockenbronze ist ein Gemisch aus Kupfer und Zinn. Beim Gießen müssen die beiden Metalle sehr stark erhitzt werden – denn sie schmelzen erst bei über Tausend Grad! Dabei ist es wichtig, dass man viermal so viel Kupfer wie Zinn verarbeitet. Durch das Kupfer kann die Glocke sehr alt werden, weil dieses recht edle Metall extrem beständig ist. Das Zinn sorgt dafür, dass die Glocke weich klingt und noch lange nachhallt.

Der Pfarrer wollte also mitten im Krieg, genauer gesagt im Jahre 1943, die große Glocke den Kirchturm hinunterlassen, um sie zum Einschmelzen wegzubringen. Doch kaum war die Glocke an schweren Ketten befestigt, stürzte sie mit ihrem ganzen Gewicht, und das waren immerhin fast vier Tonnen, so viel wie ein Traktor wiegt, 40 Meter in die Tiefe. Ihr könnt euch bestimmt vorstellen, dass sich die Glocke beim Auftreffen tief in die Erde hineinbohrte. Sie steckte nun mit einer Seite so fest, dass sie sich nicht mehr bewegen ließ. Wie durch ein Wunder zog sie

> **So geht's zur Glocke:**
>
> Die Glocke steht auf der Hauptinsel am Lindauer Marktplatz links neben dem Portal der St. Stephanskirche.

sich beim Aufprall nur jenen Riss zu, den ihr bis heute noch sehen könnt. Doch es half nichts: Die Glocke musste mühevoll wieder ausgegraben werden, damit sie nach Hamburg verschickt werden konnte.

Vielleicht hat die Zeit, die die Lindauer zum Ausgraben brauchten, die Glocke gerettet. Jedenfalls war der Krieg aus, bevor sie in Hamburg eingeschmolzen werden konnte. Nach

dem Krieg hat man die Glocke auf dem Hamburger Glocken-
friedhof, der größten Sammelstelle für Kirchenglocken, wie-
derentdeckt und nach Lindau zurückgebracht. Die Lindauer
haben versucht, den Riss zu schweißen. Das hat jedoch nicht
viel genutzt: Die Glocke scheppert bis heute. Man zog sie
trotzdem auf den Turm hinauf.

Erst 1993 hat die evangelische Kirchengemeinde St.
Stephan eine neue Glocke gießen lassen. Die alte Glocke wur-
de abgehängt und neben den Kirchturm gestellt. 2010 erhielt
sie ihren heutigen Platz direkt neben dem Hauptportal der
Kirche. Hier steht sie nun ganz still – als Mahnmal für den
Frieden.

Manuela Klaas

Worauf geht der Name der Stadt Lindau zurück?

a) Der Frauenname Linda stand Pate bei der Namensgebung.

b) Dies ist der Name der Insel, auf der Linden- bäume wachsen.

c) Der Name bezieht sich auf ein altes Kräuterweiblein, das im 16. Jahrhundert die Leiden der Kranken linderte.

Tipp: Seht euch doch mal das Stadtwappen genau an, das sich mitten auf der Glocke befindet.

Spelzenspucker
Wo einst der Getreidehandel blühte

Grimmig blickt sie drein: die Fratze des Spelzenspuckers.

Was hat die so grimmig aussehende Fratze über der Tür des Hauses mit der Nummer 8 zu bedeuten? Ist es eine Fastnachtsmaske, die das ganze Jahr über nur darauf wartet, den Narren bei ihrem Treiben zusehen zu können? Griesgrämig sieht sie aus, zwei gedrehte Hörner, wie bei einem Widder, bedecken die Augen. Die darüber liegenden Brauen sind stark gerunzelt und der offene Mund mit der sichtbaren Zunge scheint entweder laut zu schreien oder etwas ausspucken zu wollen. Und genau hier kommen wir der Sache näher: Es handelt sich bei der steinernen Fratze nämlich um einen Spelzenspucker.

Ein Spelzenspucker? Was, um alles in der Welt, soll das denn sein, werdet ihr euch jetzt bestimmt fragen. Mit der Fastnacht hat die Fratze jedenfalls nichts zu tun. Um die Figur näher zu erklären, muss man erst einmal wissen, was Spelzen überhaupt sind: Mit diesem Wort bezeichnet man die dünne, harte Hülse, also die Schutzhülle, des Getreidekorns. Bei einigen Getreidearten sind die Körner nur ganz locker von den Spelzen umschlossen. Das ist beim Weizen so. Beim Dinkel aber ist es sehr schwierig, die Spelzen vom Korn zu lösen, da beides fest miteinander verwachsen ist. Übrigens wird Dinkel auch „Schwabenkorn" genannt. Doch zurück zum grimmigen Spucker:

Dort, wo die Maske über einer Eingangstüre thront, ist der Obere Schrannenplatz. Als Schranne bezeichnete man früher in Süddeutschland den Getreidemarkt oder einen Kornspeicher. Im 19. Jahrhundert galt die Lindauer Schranne als der bedeutendste Umschlagplatz für Getreide in Oberschwaben. Hier wurden die Körner gelagert und zum Verkauf angeboten. Zwei große Kornhäuser fassten kaum die riesigen Mengen an Hafer, Weizen, Roggen, Gerste und Dinkel, die von den Bauern der näheren Umgebung angeliefert wurden. Selbst in der nahegelegenen Peterskirche standen prall gefüllte Säcke.

Hier hatte auch der Schrannenmeister in einem nicht mehr vorhandenen Anbau der Kirche sein Büro. Er musste über die Einhaltung von Maß und Gewicht sowie über die Qualität des Getreides wachen. Sogar Getreide aus Ungarn wurde mit Frachtfuhrwerken, später dann mit der Bayerischen Eisenbahn, nach Lindau gebracht, um in die Schweiz oder nach Frankreich weiterverkauft zu werden. Um das Getreide besser lagern zu können, ließ man bei vielen Sorten die Spelzen an den Körnern. Essen kann man die harten Spelzen aber nicht. Die Menschen früher griffen sich zwar gerne eine Handvoll Getreidekörner

So geht's zur steinernen Maske:

Der Spelzenspucker befindet sich am Oberen Schrannenplatz über der Eingangstür des Hauses mit der Nummer 8.

als kleine Stärkung zwischendurch, so wie ihr heute Erdnüsse oder Chips zum Knabbern aus dem Schrank nehmt. Die ungenießbaren Spelzen aber spuckten sie beim Kauen wieder aus. Wie der Spelzenspucker, der an die Zeit erinnert, als Lindau vom Getreidehandel lebte.

Manuela Klaas

 Wie heißt der Turm, der ebenfalls am Oberen Schrannenplatz steht und früher als Gefängnis genutzt wurde?

a) Diebsturm   b) Räuberhöhle   c) Hexenloch

Tipp: Wenn ihr um den Turm herumgeht, entdeckt ihr bestimmt die grüne Tafel mit der weißen Schrift, die euch hilft, das Rätsel zu lösen.

Ruine Degelstein
Weiße Rosen, dornige Kränze

Inmitten einer Baumgruppe versteckt liegt die Ruine Degelstein am Ufer des Bodensees.

Verwunschen und geheimnisvoll wirkt sie, die Ruine des Weiherschlösschens Degelstein, die vor den Toren Lindaus am westlichen Ende des Lindenhofparks liegt. Die Mauerreste des Burgeingangs sind weitgehend erhalten, aber man muss schon ein wenig suchen, um sie zu finden, denn sie werden zum großen Teil von Bäumen verdeckt und sind von Efeu und Farn überwuchert. Was das Ganze umso spannender macht! So wie das dichte Efeu die Mauerreste des kleinen Weiherschlösschens überwächst, rankt sich die Geschichte eines Fluches um das alte Gemäuer:

Vor langer Zeit lebte auf Burg Degelstein eine hochmütige adelige Frau, die ihren Sohn und die drei heranwachsenden Töchter heiß und innig liebte. Für das niedere Volk aber hegte die Burgherrin nur tiefste Verachtung. Eines Tages kam eine arme Pächtersfrau zu der Burg und erzählte der vornehmen Herrin weinend, dass in der vergangenen Nacht ihre einzige Tochter gestorben sei. Sie bat darum, von den wild wachsenden weißen Rosen an der Burgmauer einige Blüten abschneiden zu dürfen, um einen Totenkranz daraus zu winden und ihn der Tochter mit ins Grab zu legen. Höhnisch wies die hartherzige Herrin diese Bitte zurück und empfahl der verzweifelten Mutter, einen Kranz von Brennnesseln

zu binden, da Rosen für solch ein armseliges Geschöpf viel zu schade seien. Tief verletzt, aber auch wütend, machte sich die Bauersfrau auf den Heimweg. So groß war ihr Zorn, dass sie sich auf der Zugbrücke der Burg noch einmal umwandte und die Familie Degelstein verfluchte: Die Rosen, schimpfte sie, sollten zu Totenkränzen für die eigenen Kinder der herzlosen Frau werden. Die adlige Herrin hörte die Worte nicht, war sie doch längst ins Innere der Burg zurückgekehrt.

So geht's zur Ruine:

Die Mauerreste des Weiherschlösschens befinden sich am westlichen Ende des Lindenhofparks im festländischen Stadtteil Schachen.

Kurze Zeit darauf wurde die Tochter der armen Bäuerin zu Grabe getragen. Die Fischer und Bauern der umliegenden Dörfer ließen an diesem Tage ihre Arbeit liegen. Sie folgten dem Sarg, um die verzweifelten Eltern zu trösten. Aus der Familie derer von Degelstein zeigte sich beim Begräbnis indes niemand.

Die drei adeligen Töchter unternahmen lieber, weil der Sommertag recht schwül war, eine Bootsfahrt auf dem Bodensee. Vergnügt und unbesorgt, wie sie waren, fiel ihnen über lange Zeit hinweg nicht auf, dass sich im Rheintal ein Gewitter zusammenbraute. Der Sturm wurde immer stärker und wuchs zu einem mächtigen Orkan an. Da schickte die Burgherrin ihren Sohn ans Ufer, er solle seine Schwestern nach Hause holen. Doch er kam zu spät: Hilflos gegenüber den Naturgewalten musste er mit ansehen, wie das Boot der Schwestern vor seinen Augen in den Fluten versank. Die Schlossherrin packte helle Verzweiflung. Starr vor Entsetzen wollte sie nicht wahrhaben, dass ihre geliebten Töchter tot waren. Die Zeit nach dem Unglück erschien ihr wie ein böser Traum. Ohne wirklich zu begreifen, was sie tat, trat sie vor die Burgmauer, schnitt die weißen Rosen von den Stöcken und band sie zu Kränzen.

Am Tag der Beerdigung legte sie unter Tränen ihren toten Töchtern die Rosenkränze aufs Grab. Vor lauter Gram starb die Degelsteiner Burgherrin kurze Zeit später.

Der Sage nach sah man sie seither zu Mitternacht als Geist umhergehen, aus Rosen Kränze windend, sobald jemand aus ihrer Familie dem Tode nahe war. Erst 1839 ging die Burg in den Besitz einer anderen Familie über: Der ortsansässige Fernhandelskaufmann Friedrich Gruber kaufte das Anwesen. Noch im selben Jahr ließ er die oberen Geschosse abreißen, weil er fand, dass eine noch erhaltene Burg nicht in seinen neu angelegten Lindenhofpark passe.

Das Gespenst hat seitdem niemand mehr gesehen. Vielleicht hat die ebenso hartherzige wie bemitleidenswerte Schlossherrin ja durch den Besitzerwechsel endlich ihren Frieden gefunden.

Manuela Klaas

? Welche beiden Wahrzeichen umrahmen Lindaus Hafeneinfahrt?

a) Meerjungfrau und Muschel   *b) Fisch und Krone*
c) Leuchtturm und Löwe

Gräfin von Wolfegg

Grabstein mit zwei Todesdaten

*Auf dem Grabstein der Gräfin sind zwei Todesdaten – gleich
einem mathematischen Bruch – übereinander eingeritzt.*

Eine Gräfin, die gleich zweimal stirbt? Auf den ersten Blick scheint dies bei Magdalena Juliana, der ersten Gemahlin des Grafen von Wolfegg, der Fall gewesen zu sein. Ihr Grabstein ist in die linke Wand des Altarraums der Stadtpfarrkirche St. Stephan eingefügt. Oben ist darauf das gräfliche Wappen derer von Wolfegg zu sehen, darunter befindet sich eine Inschrift. Wenn ihr die Inschrift genau betrachtet, fällt euch bestimmt auf, dass sowohl der 11. als auch der 21. November als Todestag der Gräfin in den Stein geritzt ist. Das Datum sieht aus wie ein mathematischer Bruch: Oben steht die Zahl 21, unten die Zahl 11. Aber bei einem Todesdatum ist eine solche Schreibweise doch sehr merkwürdig!

Natürlich ist Magdalena Juliana nicht zweimal gestorben, aber dass es dennoch zwei Daten gibt, hat einen ganz besonderen Grund:

Während des Dreißigjährigen Krieges ließ der katholische deutsche Kaiser Ferdinand II. im Jahr 1628 die evangelische freie Reichsstadt Lindau besetzen, weil dort Unruhen ausgebrochen waren. Die Besatzung stand unter der Führung des Grafen Max Willibald von Waldburg-Wolfegg. Er hatte auch seine Gemahlin, Magdalena Juliana Gräfin von Wolfegg, nach Lindau mitgebracht. Als sie 1645 starb, trauerten die evangelischen Bürger der Stadt ebenso um sie wie die katholischen Besatzer. Am Grab herrschte Frieden, obwohl Protestanten und Katholiken einander damals feindlich gesonnen waren. Gut ein Jahr später, 1646/47, belagerten schwedische Truppen die Stadt und versuchten sie zu erobern. Der Graf verteidigte Lindau jedoch erfolgreich.

Doch zurück zum Grabstein der Gräfin: Warum wurden zwei voneinander abweichende Sterbedaten in den Stein

gemeißelt? „Die protestantischen Bürger der Stadt benutzten den alten julianischen Kalender, die katholische Adelsfamilie von Wolfegg und die kaiserlichen Truppen rechneten jedoch bereits nach dem gregorianischen Kalender", lüftet Spitalarchivarin Rosmarie Auer das Geheimnis um das doppelte Todesdatum.

So geht's zur Kirche:

Das Gotteshaus St. Stephan bildet den östlichen Abschluss des Marktplatzes auf der Insel.

Der julianische Kalender, den Julius Cäsar im Jahr 45 v. Chr. eingeführt hatte, hinkt dem gregorianischen Kalender hinterher. Denn 1582 führte Papst Gregor XIII. eine Kalenderreform durch, bei der auf Donnerstag, den 4. Oktober, sofort Freitag, der 15. Oktober, folgte. Die dazwischen liegenden Kalendertage wurden einfach übersprungen. Die protestantischen Städte und Länder folgten damals nicht dem päpstlichen Beschluss. Sie führten erst im Jahre 1700 die gregorianische Zeitrechnung ein.

„Zur damaligen Zeit herrschte aufgrund der unterschiedlichen Zeitrechnungen vielerorts eine heillose Verwirrung", erzählt Rosmarie Auer weiter. „Nicht nur, dass die Gräfin von Wolfegg zwei unterschiedliche Sterbedaten hatte, seinerzeit sind auch Briefe angekommen, noch bevor sie abgeschickt wurden." Lustig, oder?

Manuela Klaas

 Was befindet sich in dem mit kunstvollen Malereien verzierten „Haus zum Cavazzen", das ebenso wie die Stephanskirche an den Marktplatz grenzt?

a) das Amtsgericht   b) das Stadtmuseum
c) das Rathaus

Pflastersteinkreis

Ein Aufstand, der Lindau in Atem hielt

Der unscheinbare Steinkreis birgt ein grausiges Geheimnis.

Kaum einer der Menschen, die über den Lindauer Marktplatz eilen, beachtet den im Kopfsteinpflaster verlegten Kreis, er misst ja auch nur achtzig Zentimeter im Durchmesser. Darunter verbirgt sich jedoch eine zugeschüttete Zisterne – mit einem blutigen Geheimnis.

Im ausgehenden 14. Jahrhundert, also etwa hundert Jahre, bevor Amerika entdeckt wurde, war Lindau eine große Handelsstadt. Die Kaufleute boten Leinen und Wein an, die oberschwäbischen Bauern brachten Getreide in die Stadt und aus dem bayerischen Reichenhall wurde Salz geliefert. Von Süden her kamen Gewürze und wertvolle Stoffe nach Lindau. Nun

gab es früher aber nicht solche gut ausgebauten Straßen wie heute. Beschwerlich waren die Wege, steinig und holprig, und oft musste man über einen großen Felsbrocken klettern, um weiterzukommen. Die Menschen gingen zu Fuß und trugen die Waren auf den Schultern. Auf der Strecke von Süden über die Alpen durchquerten sie auch die schwer zugängliche Via-Mala-Schlucht in der Schweiz. „Via mala" heißt übrigens auf Lateinisch „schlechter Weg".

Der Weinhändler Heinrich Rienold, der sich damals mit dem Fischhändler Uz Schreiber als Bürgermeister von Lindau abwechselte, wollte den Handelsweg auf die Route über den Brenner, einen Grenzpass hoch in den Bergen zwischen Österreich und Italien, verlegen. Es kam zu einem gewaltigen Streit zwischen den Befürwortern der alten und denen der neuen Straße. Während dieser Auseinandersetzungen ermordete Rienolds Sohn Peter gemeinsam mit seinem Schwager einen Anhänger der Gegenpartei, was zu Unruhe unter der Lindauer Bevölkerung führte. Um ihrer gerechten Strafe zu entgehen, flüchteten die beiden aus der Stadt und Heinrich Rienold schloss sich ihnen an. Im Laufe der Zeit sammelten die Rienolds eine neue Anhängerschar um sich und wagten die Rückkehr. Dies rief in der Stadt einen erneuten Aufstand hervor. Der nun amtierende Bürgermeister von Lindau traute sich nicht, selbst etwas gegen die Rienolds zu unternehmen, deshalb bat er um Unterstützung beim Seebund. Das war ein Zusammenschluss der Städte Buchhorn – das heutige Friedrichshafen – St. Gallen, Konstanz, Lindau, Ravensburg, Überlingen und Wangen, die sich gegenseitig halfen. Als die Verbündeten vor

So geht's zum Steinkreis:

Der Steinkreis befindet sich auf dem Lindauer Marktplatz zwanzig Meter vor den Eingangsstufen des Städtischen Museums „Zum Cavazzen".

Lindau erschienen und in die Stadt wollten, standen sie vor dem von Heinrich Rienold verriegelten Tor, doch gelang es ihnen nach einiger Zeit, das Stadttor mit Beilhieben aufzubrechen. Heinrich Rienold floh mit seinen Männern ins Kloster, das ihnen Schutz vor den Verfolgern bot.

Hierzu muss man wissen, dass das Kirchenasyl – das Wort „Asyl" stammt vom griechischen Wort „asylon" ab und bedeutet „Zuflucht" – das älteste Menschenrecht überhaupt ist. Im Kloster waren Rienold und seine Anhänger vor ihren Verfolgern sicher.

Als das Kloster aber von der Streitmacht des Seebundes umzingelt wurde, stellte sich Heinrich Rienold freiwillig. Er war sich sicher, dass die Mehrheit der Lindauer Bürger hinter ihm stand. Vor Gericht wurde er jedoch zusammen mit seinem Sohn Peter und siebzehn weiteren Bürgern zum Tode verurteilt. Neun von ihnen, darunter auch Heinrich Rienold, wurden an jener Stelle, an der sich heute der Steinkreis befindet, hingerichtet. Man warf sie in die Zisterne und verschloss diese mit einer steinernen Platte. Heute laufen Tausende Menschen über den unscheinbaren Pflasterkreis, ohne zu ahnen, dass sich unter ihren Füßen die Gebeine der Aufständischen befinden. Ganz schön gruselig, oder?

Manuela Klaas

? Wie heißt der Hauptzufluss des Bodensees?

a) Schussen   b) Neckar   c) Alpenrhein

Knoten im Geländer

40

Knopf gegen das Vergessen

Ein Knoten gegen das Vergessen im Geländer des Gondelhafens.

Macht euer Opa auch manchmal einen Knoten ins Taschentuch? Prima, dann wisst ihr ja, was es damit auf sich hat. Menschen machen Knoten in Taschentücher, weil sie sich an etwas erinnern wollen. Wenn sie dann das Taschentuch zufällig wieder finden, wundern sie sich, dass es verknotet ist. Und während sie über den Sinn des Knotens nachdenken, fällt ihnen meistens wieder ein, warum sie ihn überhaupt ins Taschentuch gemacht haben.

In Bregenz gibt es auch einen solchen Knoten. Aber der ist aus Eisen. Er befindet sich nicht in einem Taschentuch, sondern in dem schmiedeeisernen Geländer, das sich als Begrenzung der Uferpromenade kilometerweit am See entlangzieht. Genauer gesagt: am Gondelhafen, ganz in der Nähe vom Festspielhaus. Die wenigsten Kinder kommen darauf, dass es ein Knoten ist. Oft streichen ihre Hände neugierig über die rätselhafte Schlaufe. „Warum ist da eine Brezel im Geländer?", wollen viele Kinder von ihren Eltern wissen. Und meist lautet die etwas verunsicherte Antwort: „Bestimmt ist dies das Werk eines Bäckers, der sich ein Denkmal setzen wollte." Doch auch Eltern wissen nicht alles. Es ist nämlich gar keine Brezel, sondern – ihr kennt das Geheimnis ja schon – es ist ein Knoten. Stadtarchivar Thomas Klagian erklärt: „Dies ist der Knoten im Taschentuch der Stadt. Im Österreichischen heißt ein Knoten Knopf. Ein Knopf gegen das Vergessen." Der Bregenzer Aktionskünstler Wilfried „Wif" Kofler erinnert damit an den Abriss der sogenannten Gulaschbrücke im Januar 1991. Hundert Jahre lang war sie eine beliebte Verbindung zwischen Stadt und See. Früher hatten die Menschen noch keine Autos und fuhren mit dem Zug in die österreichische Landeshauptstadt. Und dann gingen sie gern auch am Seeufer spazieren, das man über die Gulaschbrücke erreichte.

Gulaschbrücke ist wirklich ein komischer Name, findet ihr nicht auch? Die meisten Bregenzer glauben, dass ein gewisser Francesco di Ignatio Baccini und seine Kochkünste die Namensgeber dieser Brücke sind: Ende des 19. Jahrhunderts reisten viele Italiener aus ihrer Heimat nach Deutschland oder in die Schweiz, um dort Arbeit zu finden. Sie mussten am Bregenzer Bahnhof aussteigen und mit dem Dampfschiff weiterfahren. Da die umliegenden Gasthäuser nicht genügend Platz hatten, um die hungrigen Reisenden zu bewirten, stellte Francesco di Ignatio Baccini unter der Brücke eine Gulaschkanone auf. Dies war ein Anhänger mit einem Kessel, in dem über einer Feuerstelle das Fleisch zubereitet wurde. Jedem, der es sich leisten konnte, wurde Gulasch und eine Scheibe Brot serviert. Es muss dort also ziemlich lecker gerochen haben.

Viele Jahre später, im Jahr 1987, hat man erstmals über den Abbruch der Gulaschbrücke nachgedacht. Darüber sind die Menschen schrecklich in Streit geraten. Künstler, Architekten

und weite Teile der Bevölkerung setzten sich für den Erhalt der Brücke als „Teil eines liebenswerten Bregenz" ein. Sie wollten nicht, dass das beliebte Wahrzeichen zum alten Eisen kam. Das Kämpfen half aber nichts – das kennt ihr sicher: Manchmal will man etwas unbedingt erreichen und am Schluss klappt es nicht. Da ist die Enttäuschung dann sehr groß. So fühlten sich die Bregenzer, als die Brücke im Januar 1991 doch abgebrochen wurde.

So geht's zum Knoten:

Oberhalb des Bootsverleiher-Häuschens am Gondelhafen befindet sich der Knoten im dritten Abschnitt des Handlaufs.

Aber Wif Kofler wollte wenigstens dafür sorgen, dass man die Brücke nicht vergisst, und platzierte seinen „Knoten gegen das Vergessen" genau in die Verlängerung der alten Gulaschbrücke. Dies hat er ganz heimlich getan: Eines Nachts flexte er ein Stück aus dem Handlauf des Geländers am Gondelhafen heraus, nahm ein längeres Rohr, erhitzte es in seiner Werkstatt und wand das nun leicht formbare Teil zu einem Knoten. Dann schweißte er das Stück Handlauf mit dem Knoten wieder in die Uferbegrenzung ein. Lange Zeit rätselte ganz Bregenz, auf welch geheimnisvolle Weise dieser eiserne Knoten seinen Weg ins Ufergeländer fand.

Wenn ihr nun die Augen schließt, den Knoten berührt und ganz fest an die alte Brücke denkt – zieht euch dann vielleicht sogar ein bisschen der Geruch von frisch gekochter Gulaschsuppe in die Nase?

Manuela Klaas

? Was befindet sich „Tierisches" unter der Eisenfalltür des alten Bregenzer Stadttores?

a) der grausige Klushund   *b) ein Bär, in dessen Tatze ein riesiger Dorn steckt*   *c) ein mumifizierter Hai*

Ehreguta

Stadtretterin im Appenzellerkrieg

Nach einem Ritt durch die Nacht fragt die Stadtretterin Guta einen bewaffneten Mann, wo der Stadtammann zu finden sei.

Was hat die steinerne barfüßige Reiterin, die sich zu dem neben ihr stehenden Mann hinunterbeugt, wohl Wichtiges zu erzählen? Und wer ist sie überhaupt?

Die Steinfigur ist ein Denkmal für eine Frau namens Guta. Und die soll Bregenz einst gerettet haben! Geschaffen wurde die steinerne Eckfigur 1923 von Bildhauer Hans Piffrader aus Südtirol. Das Bild aus Stein zeigt sie im Jahre 1408 nach einem Ritt durch die Nacht, als sie einen bewaffneten Mann nach dem Stadtammann fragt. Bei dem Mann, der zu der Reiterin emporblickt, scheint es sich um einen Landesverteidiger zu handeln. Doch warum hält er mit beiden Händen solch eine wuchtige

Waffe? Er stellt nicht einen Bregenzer Bürger dar, sondern soll den Widerstandswillen des Volkes in jenen unruhigen Zeiten zeigen. Warum die Zeiten unruhig waren? Damals, zu Beginn des 15. Jahrhunderts, tobten die Appenzellerkriege. Weite Flächen Vorarlbergs, so heißt der Landesteil Österreichs, in dem Bregenz liegt, gehörten im Mittelalter verschiedenen Grafen. Sie gaben das Ackerland an Bauern, die es dann bewirtschafteten. Das taten sie aber nicht, weil sie es gut mit den Bauern meinten. Im Gegenteil: Die Bauern mussten einen Großteil ihrer hart erarbeiteten Ernte und ihres Viehs an ihre Grundherren abtreten, wobei die alten Rechte der Bauern immer weniger anerkannt wurden. Darüber waren sie ganz schön sauer. Sie sollten arbeiten und ihre Herren ließen es sich auf ihre Kosten gut gehen! Das wollten sie sich nicht gefallen lassen. Voller Unmut lehnten sie sich gegen ihre Obrigkeit auf. In der benachbarten Schweiz, im Kanton Appenzell und in St. Gallen, gründeten die Bauern den „Bund ob dem See". Auch die meisten Bauern aus Vorarlberg schlossen sich diesem Bund an. In erbitterten Kämpfen floss viel Blut und einige der Burgen, die den verhassten adeligen Herren gehörten, wurden von den wütenden Bauern zerstört.

Im September 1407 begannen die Bauern die Stadt Bregenz zu belagern. Sie wollten die Bürger der Stadt überrumpeln und sie dazu zwingen, sich ihrem Bund gegen die stolzen Herren anzuschließen.

Um ihre Pläne auszufeilen, trafen sie sich in einer Wirtsstube zu Rankweil, das ebenfalls in Vorarlberg liegt. Dort hielten die Aufständischen eines Abends bei verschlossener Türe Rat. Die Appenzeller, die dachten, sie seien in der Schenke allein und unbelauscht, entdeckten nach ihren hitzigen Gesprächen eine alte Frau, die dem Anschein nach hinter dem Ofen schlief. Sie hatte sich aber nur schlafend gestellt und in Wahrheit mit angehört, dass die Bauern einen Überfall auf die Stadt Bregenz planten. Doch das sagte sie den Männern nicht, denn sie hatte schreckliche Angst um ihr Leben. Deshalb erzählte sie ihnen, wie sie halb erfroren schon bei der Dämmerung in der Schenke eingekehrt und hinter dem Ofen vom Schlaf überwältigt worden sei. Sie musste schwören von dem, was sie vielleicht trotz ihres angeblichen tiefen Schlafs vernommen hatte, keinem Menschen etwas zu erzählen.

Dann stießen die groben Männer sie mit wilden Drohungen vor die Türe. Doch fest entschlossen, die Stadt Bregenz vor dem Überfall zu warnen, nahm sie sich eines der Pferde aus dem Stall und galoppierte auf tief verschneiten Wegen bei eisiger Kälte nach Bregenz. Dort angekommen, fragte sie ganz entkräftet nach dem Stadtammann, der im Rat saß. Ein Rat ist eine Runde kluger, von der Bürgerschaft gewählter Männer, die beraten, was zum Wohl der Stadt zu tun ist. Noch heute gibt es in allen Städten und Gemeinden solche Räte, denen in Deutschland der Bürgermeister vorsteht und in denen mittlerweile nicht nur Männer, sondern auch Frauen sitzen.

Völlig außer Atem trat die Frau in die Ratsstube zu den versammelten Herren und stellte sich vor den Ofen. Das fanden die Männer ziemlich komisch und fragten sie, was sie dort mache. Sie entgegnete, sie komme geradewegs aus Rankweil. Das, was sie dort gehört habe, dürfe sie jedoch keinem Menschen weitererzählen. Dies habe sie unter Eid schwören müssen, drum

So geht's zur Guta:

An der Ecke Bahnhofstraße /Jahnstraße lohnt ein Blick nach oben. Am Gebäude der Landes- und Hypothekenbank, dem ehemaligen Gebäude der Vorarlberger Landesregierung, ist die steinerne Eckfigur zu sehen.

sage sie es nun dem Ofen. Womit sie ihr Versprechen hielt, da sie es nicht den Menschen in dem Zimmer erzählte. Ganz schön schlau, oder? Danach fragten die Ratsherren sie nach ihrem Namen. „Ich heiße Guta, alle nennen mich die alte Guta", antwortete sie.

Der Stadtammann informierte sofort den Grafen Wilhelm von Montfort-Bregenz. Der schickte einen Eilboten los, um den schwäbischen Adel vom Ritterbund St. Georgenschild vor der Gefahr zu warnen. Der Ritterbund hatte die Aufgabe, den Landfrieden zu sichern. Und dann ging es los: Achttausend Mann, Ritter und Knechte, eilten bis zum St. Hilaritag, dem 13. Januar oder Jänner, wie man in Österreich sagt, nach Bregenz, um die Stadt zu retten.

Der Lohn für die aufopfernde Tat der Guta ist in den Erzählungen so gut wie immer der gleiche: Sie bekam gut zu essen, ein Dach über dem Kopf und ein ehrendes Gedenken. Und das 400 Jahre lang! Von Martini (11. November) bis Lichtmess (2. Februar) rief der Nachtwächter in der neunten Abendstunde: „Ehret die Guta!" Der letzte von ihnen, ein Polizeiwachmann, rief bis zu Beginn der 80er-Jahre des 19. Jahrhunderts sein „Ehreguta" durch die dunklen Straßen der Stadt.

Auch wenn der Ruf schon lang nicht mehr durch Bregenz schallt: Das Bildnis der Guta erinnert weiterhin an ihre Heimattreue. Und sie freut sich sicher, wenn der eine oder andere, der es betrachtet oder aus diesem Buch ihre Geschichte erfährt, leise – oder auch laut – ruft: „Ehret die Guta!"

Manuela Klaas

? Wie heißt der Hausberg von Bregenz?

a) Pfänder   b) Großglockner   c) Matterhorn

Marienstatue

Auf Umwegen nach Bregenz

Die Marienstatue stand früher in der Erscheinungsgrotte bei Lourdes.

Glaubt ihr an Wunder? Viele Menschen tun das. Jedes Jahr pilgern mehrere Millionen Gläubige nach Lourdes, einem kleinen südfranzösischen Städtchen in der Nähe der spanischen Grenze. Was das Wort „pilgern" genau bedeutet, das könnt ihr übrigens in der Geschichte vom Jakobsbrunnen (Geheimnis 44) nachlesen. Aber zurück nach Lourdes: Hier soll am 11. Februar 1858 dem Hirtenmädchen Bernadette Soubirous die Jungfrau Maria erschienen sein. Bernadette sammelte an jenem Tag zusammen mit einer Freundin und ihrer Schwester Brennholz. Die beiden anderen Mädchen waren schon vorausgeeilt, als Bernadette ein Geräusch hörte. Sie wandte sich um und sah

über sich eine schöne Frauengestalt in der Nische einer Höhle stehen. Die wundersame Erscheinung war von strahlendem Licht umgeben, ganz in Weiß gekleidet und hatte einen blauen Schal um die Hüfte gewickelt. Zwei goldene Rosen schmückten ihre Füße. Sie erklärte Bernadette, dass sie die Jungfrau Maria sei. Die Heiligengestalt erschien dem Mädchen in den folgenden Wochen insgesamt achtzehn Mal. Eines Tages forderte die Mutter Gottes Bernadette dazu auf, aus der Grotte zu trinken. Da aber kein Wasser zu sehen war, kratzte das Mädchen mit den Händen die morastige Erde weg. Dabei grub sie eine kleine Vertiefung, die sich mit schlammigem Wasser füllte. Bernadette musste sich arg überwinden, von der erdigen Brühe zu trinken. Zweimal schreckte sie zurück, doch beim dritten Mal nahm sie einen kleinen Schluck. Maria wollte aber auch, dass Bernadette von dem Gras aß, das neben der feuchten Stelle wuchs. Als das Mädchen tat, wie ihm geheißen, sprudelte Wasser aus einer wunderbar klaren Quelle hervor. Bis heute wird dieser Quelle nachgesagt, dass ihr Wasser heilende Kräfte hat. Kranke, die von der Quelle tranken oder gelähmte Gliedmaßen hineintauchten, sollen sich oft kurz danach wieder bester Gesundheit erfreut haben.

Zum Dank wurde noch im selben Jahr eine Marienstatue nach der Beschreibung Bernadette Soubirous gefertigt. Sie wurde an jener Stelle in der Felsengrotte aufgestellt, an der Maria dem Mädchen erschienen war.

Nun gut, aber was hat die Erscheinung der Mutter Gottes in Südfrankreich mit dem Bodensee zu tun? Diese erste, ur-

sprünglich in Lourdes verehrte Madonnenfigur befindet sich heute in Bregenz, genauer gesagt in einer kleinen Kapelle direkt beim Kapuzinerkloster. Doch wie kam sie dort hin? Für die Höhle in Südfrankreich erwies sich die 165 Zentimeter hohe Figur sehr schnell als zu klein, man wollte, dass sie die Öffnung der Grotte besser ausfüllte, und so wurde sie wenig später durch eine größere Statue ersetzt. Über Papst Pius IX. fand sie den Weg nach Rom, um schließlich von seinem Nachfolger Papst Leo XIII. an die fromme Gräfin Karoline Raczyńska von Bregenz-Marienberg weitergeschenkt zu werden. Drei Jahre lang stand die Madonnenstatue in der Hauskapelle der Gräfin. Dann aber wurde sie krank und ihr Mann, Graf Eduard, gelobte, wenn seine Frau wieder gesund würde, eine kleine Kapelle in Bregenz errichten zu lassen. Hier sollte die Madonna zukünftig stehen, damit alle Menschen die Möglichkeit hatten, zu ihr zu beten. Als die Gräfin wieder auf den Beinen und die versprochene Kapelle gebaut war, wurde die Marienstatue in einem feierlichen Festzug von der Villa Raczyński an ihren neuen Platz getragen. Viele Opferkerzen brennen noch heute zu ihren Füßen. Doch betrachtet diese Füße einmal ganz genau: Seht ihr die beiden goldenen Rosen, die schon dem Hirtenmädchen in Frankreich aufgefallen waren?

Manuela Klaas

> **So geht's zur Kapelle:**
>
> Die Lourdes-Kapelle befindet sich auf dem Vorplatz der Kapuzinerkirche und des Klosters in der Kirchstraße.

? Wie heißt die größte Stadt am Bodensee?

a) Bregenz   b) Konstanz   c) Romanshorn

153

Badhütte

43 Wie ein Würstchen in Großmutters Eintopf

Erbsen und Möhren purzelten aus diesem Rohr neben der Badhütte.

Gemüse gehört in einen Topf, dann auf den Teller und danach in den Bauch. Und ins Badewasser? Sicher nicht! Aber es gibt Menschen, die schon mit Erbsen und Möhren gebadet haben. Das ist kein Witz. Zugegeben: Sie haben es nicht ganz freiwillig getan. Wer würde schon kiloweise Gemüse in seine Badewanne kippen? Denn eigentlich will man in der Wanne ja sauber werden und nicht mit grün-orangefarbenen Flecken wieder herauskommen – auch wenn das bestimmt lustig aussähe. Aber es geht auch gar nicht um ein Bad in der Badewanne, sondern im Bodensee:

In Rorschach gibt es eine ganz spezielle Möglichkeit, schwimmen zu gehen. Dort steht mitten im See auf hohen Stelzen ein großes Haus. Die Einwohner des Städtchens nennen es die „Badhütte". Sie steht schon ziemlich lang im Wasser, seit fast 90 Jahren. Und immer noch sieht sie so aus wie damals: mit einem Dach, vielen Fenstern und einer Eingangstür. Zu ihr führt ein langer Steg, der an der Kaimauer beginnt. Drinnen gibt es Umkleidekabinen und Duschen. Außerdem hat die Hütte Terrassen, auf denen man faul in der Sonne liegen kann, und es gibt jede Menge Leitern, die ins Wasser hinunterführen. Jeden Sommer treffen sich dort Hunderte Menschen, um zu schwimmen, zu spielen und zu toben oder sich einfach nur zu sonnen. Das Wasser, in das sie hineinhüpfen, ist so klar, dass sie gelegentlich sogar Fische entdecken.

Aber das war nicht immer so. Vor ungefähr 50 Jahren war das Wasser im See nicht besonders schön anzuschauen. Um ehrlich zu sein, war es sogar ziemlich dreckig. Die Fabriken durften damals über Rohre ihr Schmutzwasser direkt in den See leiten. Ein solches Rohr kann man in Rorschach noch sehen. Ein paar Meter neben dem Steg, der zur Badhütte führt, schaut es aus der Kaimauer heraus. Es ist mit einem Deckel verschlossen. Den gab es damals noch nicht, sondern bloß ein Gitter.

Das Rohr gehörte zu einer Konservenfabrik, in der verschiedenstes Gemüse in Dosen abgefüllt wurde. Wie es dazu kam, weiß man heute nicht mehr so genau, doch an

manchen Tagen flossen aus dem Rohr mit dem Schmutzwasser Erbsen und Möhren in den See. Wie mögen sich die Badegäste wohl gefühlt haben, als vor ihren Nasen plötzlich Gemüse auftauchte? Wie die Würstchen in Großmutters Eintopf? Auf jeden Fall nahmen die Rorschacher das Gemüsebad mit Humor. Das mussten sie auch, denn dieses „Versehen", wie es die Konservenfabrik nannte, passierte nicht bloß ein Mal. Es schwamm sogar so oft und so viel Gemüse im See, dass etwas geschehen musste. Als der Seeboden rund um die Badhütte mit Erbsen übersät war, beauftragte die Fabrik den Bademeister der Badhütte, die Erbsen unter Wasser wegzusaugen und das Loch im Gitter des Rohrs zu schließen.

So geht's zur Badhütte:

Die Badhütte steht an der Seepromenade, die parallel zur Seestraße verläuft. Das Rohr befindet sich westlich vom Steg.

Die Rorschacher lachen darüber noch heute. Aber manche erinnern sich auch an ein anderes „Versehen", das nicht ganz so lustig war. Auch eine Speiseeisfabrik leitete ihr Schmutzwasser über besagtes Rohr in den See. Und eines Tages passierte auch ihr ein Unfall. Doch es war kein Vanilleeis, das zwischen die Badegäste floss, sondern flüssiges Fett. Unvorstellbar, wie das auf der Haut geklebt haben muss!

Susanne Suchy

Wie viele Bauwerke wie die Badhütte gibt es am Schweizer Bodenseeufer?

a) 1   b) 14   c) 70

Jakobsbrunnen

Wenn die Glocke zweimal bimmelt

Geheimnis
44

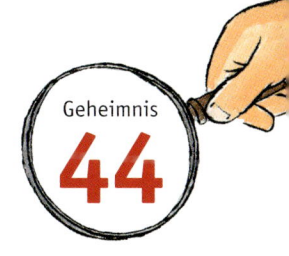

Hinter dem Gitter, genau unter Jakobs Füßen, hängt die Glocke.

Eine dunkle Gestalt läuft durch die Straßen. Sie trägt einen schwarzen Hut mit breiter Krempe, um ihre Schultern liegt ein langer, schwarzer Umhang. Es ist sechs Uhr am Abend, die Sonne ist bereits untergegangen. Die Gestalt blickt geradeaus auf eine kleine Eisentür. Ein Schlüssel klappert, die Person öffnet die Tür, schlüpft hindurch und ist verschwunden. Stille. Auf einmal fängt eine Glocke an zu schlagen. Hell und klar tönt ihr Klang durch die Straßen von Rorschach. Drei Minuten lang, dann verstummt sie wieder. Die Eisentür geht auf, die Gestalt im schwarzen Umhang kommt wieder heraus und verschwindet in den Gassen der Stadt – so plötzlich, wie sie gekommen war.

Bei dem gespenstischen Treiben handelt es sich um einen alten Rorschacher Brauch. Vom 31. März bis zum 31. Oktober wird in der Stadt eine ganz bestimmte Glocke zweimal am Tag von Hand geläutet. Sie hängt unter der Statue des heiligen Jakobus in einem Brunnen. Ja, ganz recht: in einem Brunnen. Er steht an der Ecke, an der sich Hauptstraße und Neugasse kreuzen. Genannt wird er Jakobsbrunnen. Aber nicht bloß wegen der Heiligenfigur. Der Brunnen birgt so manches Geheimnis und die Glocke gehört dazu:

Es ist mehr als 1100 Jahre her, da stand an dieser Straßenecke in Rorschach noch kein Brunnen, sondern eine kleine Kapelle. Darin hing eine Glocke, die täglich geläutet wurde. Nicht zur vollen Stunde, aber – so nimmt man heute an – dreimal am Tag, um die Menschen zum Beten einzuladen. Dieses Geläut hat in der katholischen Kirche einen eigenen Namen: Angelus-Läuten. Die Einladung galt nicht nur den Bürgern des kleinen Ortes am Bodensee, sondern jedem, der gerade vorbeikam. Und in Rorschach kamen zu dieser Zeit ziemlich viele Leute vorbei. Sie waren Pilger. Das sind Menschen, die eine längere Reise zu Fuß zurücklegen. Oft tun sie das aus religiösen Gründen, zum Beispiel, weil sie

Gott näher kommen oder wieder zu sich selbst finden möchten. Die Reise endet meistens an einer heiligen Stätte. Zu Beginn der Pilgerzeit war es häufig die Stadt Rom. Mittlerweile wollen sehr viele Pilger, die durch Rorschach laufen, in die spanische Stadt Santiago de Compostela, wo der Apostel Jakobus begraben liegt. In der Kapelle in Rorschach hatten sie Gelegenheit zu rasten und zu beten. So ging das viele Hundert Jahre, bis der Verkehr in Rorschach immer dichter und die Kapelle baufälliger wurde. Um die Jahre 1833 und 1834 wurde sie abgerissen – weil sie den Verkehr störe, hieß es damals. An ihrer Stelle bauten die

> **So geht's zum Jakobsbrunnen:**
>
> Der Brunnen steht mitten in der Stadt an der Ecke Hauptstraße/Neugasse.

Rorschacher den Jakobsbrunnen. Von der kleinen Kapelle blieben bloß die Glocke und das tägliche Angelus-Läuten übrig.

Es vergingen ungefähr 60 Jahre, dann wurde auch dieser Brunnen abgerissen. Grobschlächtig und nicht besonders schön sei er gewesen, erinnern sich die Rorschacher. An seiner Stelle wurde ein neuer Jakobsbrunnen gebaut – eben der, der heute zu sehen ist. Er bekam eine neue Glocke und eine kleine Eisentür. Hinter ihr liegt ein Raum, in den ein Erwachsener und vielleicht noch ein Kind hineinpasst. Der Raum ist für den Glöckner. Innen hängt ein Zugseil herab. Zieht der Glöckner daran, beginnt die Glocke zu schwingen und es erklingt ein Ton. Ein paar Jahre läuteten die Rorschacher die neue Glocke noch von Hand, aber 1975 war es auch damit vorbei. Ein kleiner Motor ersetzte nun die Arbeit des Glöckners.

Es dauerte mehr als 30 Jahre, bis im Rahmen eines Projekts die Glocke – zunächst für ein Jahr – wieder von Hand geläutet wurde. Doch der Glöckner, Alois Ambauen, und die Rorschacher waren davon so begeistert, dass sie beschlossen, auch weiterhin die Glocke selbst zu läuten. Heute hat die Stadt stolze 15

Glöcknerinnen und Glöckner, die sich diese Aufgabe teilen. Sie läuten in der Zeit, in der die Pilgerherberge in St. Gallen geöffnet hat: vom 31. März bis zum 31. Oktober. Jeden Tag um 11 und um 18 Uhr ertönt für mindestens drei Minuten ihr heller Klang. Dafür ziehen die Glöckner extra einen schwarzen Hut und Umhang an. „Und", sagt Alois Ambauen schmunzelnd, „man kann am Läuten hören, wie der Glöckner wohl gelaunt ist." Denn mal schlage die Glocke schnell, dann sei der Glöckner vielleicht etwas im Stress oder aufgewühlt, und mal klängen die Töne ganz gemächlich, dann sei der Glöckner wohl eher entspannt und guter Laune. Oft bitten die Rorschacher Kinder am Abend ihre Eltern, noch einmal zum Brunnen zu gehen und dem Glöckner bei seiner Arbeit zuzuschauen. Wer Glück hat, darf sogar helfen.

Doch bevor ihr nun vom Brunnen wieder weglauft, um das nächste Geheimnis zu suchen, solltet ihr noch eines wissen: Laut einer Legende müssen die Pilger, die sich vom Jakobsbrunnen in Rorschach Wasser mitnehmen, auf ihrer ganzen Reise keinen Durst leiden. Das ist sehr praktisch, denn die Reise ist ziemlich lang. Mehr als 2000 Kilometer legen die Pilger von der Schweiz bis nach Santiago de Compostela zurück. Wer weiß? Vielleicht pilgert ja der ein oder andere von euch eines Tages zum Grab des Apostels Jakobus. Dann könnt ihr es ausprobieren und selbst herausfinden, ob die Legende wahr ist.

Susanne Suchy

 Wo befindet sich die Glocke aus der alten Jakobskapelle heute?

a) im Museum im Kornhaus   *b) im Rathaus*
c) sie ist verschwunden

Raketeneis

Erfrischung nach der Mondlandung

Geheimnis

45

Gibt es seit 1969: das Raketenglace.

Wart ihr schon einmal auf dem Mond? Okay, das war eine blöde Frage! Wie solltet ihr das auch gemacht haben? Schließlich kann man nicht einfach irgendwo ein Ticket ins Weltall buchen. Aber sehr viele Menschen würden das gerne tun: mal schnell in eine Rakete steigen und ab geht's zum Mond. Egal, ob Kinder oder Erwachsene – Millionen von Menschen träumen davon, auf diesem Himmelskörper spazieren zu gehen. Und bis zum 21. Juli 1969 glaubten die meisten auch, dass es ein Traum bleiben würde.

Aber an diesem Tag, vor mehr als 40 Jahren, änderte sich alles. Um 2.56 Uhr unserer Zeit betrat der Amerikaner Neil Armstrong als erster Mensch den Mond. Und jeder auf der Erde, der konnte, schaute es sich im Fernsehen an. „Es war wie ein Wunder", sagen die Erwachsenen, die sich noch an diesen Moment erinnern. Noch nie zuvor hatte ein Mensch einen anderen Himmelskörper betreten, seinen Fußabdruck hinterlassen, eine Flagge aufgestellt und war dann auch noch heil nach Hause zurückgekehrt. Wer damals am Fernseher dabei war, spricht darüber immer noch mit leuchtenden Augen. Und die, die es nicht gesehen haben? Die können sich Fotos und Videos anschauen, in ein Museum gehen und Bücher darüber lesen. So interessant das auch ist, richtig nachempfinden lässt sich die fantastische Stimmung von damals nicht.

So geht's zum Raketenglace:

Das Eis gibt es in der Schweiz an fast jedem Kiosk und im Supermarkt.

Aber schmecken. Denn es gibt etwas, das extra zur ersten Mondlandung erfunden wurde. Es kommt aus Rorschach, kann überall in der Schweiz gekauft werden und schmeckt – keine Sorge, nicht nach trockenem Mondstaub – nach Ananas, Orange und Schokolade. Es ist sehr kalt, hat einen Stiel, die Form einer Rakete, steckt in einer blauen Plastikverpackung und besteht zum größten Teil aus Wasser. Na, was könnte das sein? Richtig: ein Eis! Aber, wie gesagt, nicht irgendeines. Es ist das „Raketenglace", wie das Eis auf „Schwyzerdütsch" heißt, und wird genau seit 1969 in Rorschach hergestellt. Die Firma Frisco hat sich damals ein Eis ausgedacht, das die Menschen nicht bloß erfrischen, sondern auch an die

Mondlandung erinnern sollte. Denn das Eis sieht der Rakete, mit der die Astronauten in den Weltraum flogen, sehr ähnlich. Ihr könnt euch das in etwa so vorstellen: Der Teil, der nach Orange und Ananas schmeckt, war die Trägerrakete „Saturn V". Sie hat zum Beispiel für die hohe Geschwindigkeit gesorgt, die man braucht, um von der Erde ins All zu kommen. Die mit Schokolade überzogene Spitze des Eises ist die Raumkapsel. Sie hieß „Apollo 11" und war in Wirklichkeit etwas mehr als zehn Meter hoch. In der Apollo 11 saßen die Astronauten Neil Armstrong, Edwin Aldrin und Michael Collins.

Heute ist das Raketenglace ein sehr beliebtes Wassereis in der Schweiz. Doch an seine Entstehungsgeschichte erinnern sich die wenigsten. Besonders in Rorschach ist es im Sommer üblich, über den Bodensee zu schauen und an diesem Eis zu schlecken. Die Einwohner des Städtchens behaupten, es sei so kalt, dass die Zunge daran kleben bleibt. Schade, dass es dieses Eis nur in der Schweiz gibt. Neil Armstrong hätte es bei seinem Besuch auf dem Mond bestimmt gerne dabei gehabt. Denn wenn der Mond von der Sonne beschienen wird, kann es dort bis zu 130 Grad Celsius heiß werden! Da wäre eine kleine Erfrischung sicher nicht schlecht gewesen.

Susanne Suchy

Warum sind die Straßenschilder in Rorschach rot?

a) Weil die Farbe besser ins Stadtbild passt.
b) Weil die Orte am See sehr dicht beieinanderliegen und man daran erkennen kann, welche Straßen zu Rorschach gehören.
c) Weil die Bürger sich in einer Volksabstimmung so entschieden haben.

Tipp: Lauft doch mal durch die Paradiesstraße.

Geheimnis

46

Nymphenbrunnen
Wasserwesen sorgen für Aufregung

Ausgelassen toben die Nymphen um das Wasserspiel herum.

Ihr kennt bestimmt das Märchen „Die kleine Meerjungfrau" von
Hans Christian Andersen: Aus Liebe zu einem Prinzen verließ
sie ihren Lebensraum im Wasser, um in der Menschenwelt zu
leben. In Bronze gegossen, wacht sie als Statue über den Hafen
Kopenhagens, der Hauptstadt Dänemarks. So eine ähnliche Figur gibt es auch am Bodensee, genauer gesagt, auf einer Mole

im Arboner Hafen. Nur, dass es sich hier nicht um eine einzelne Nixe handelt, sondern gleich um eine ganze Gruppe mit drei nackten Wassergeschöpfen. Zwei von ihnen sind weiblich, die dritte Gestalt zeigt einen Mann, der ausgelassen mit den beiden Frauen um ein Wasserspiel herumtollt. Die drei bronzenen Figuren zieren den Nymphenbrunnen, der 1907 vom Toggenburger Künstler und Bildhauer August Bösch geschaffen wurde.

Früher glaubten die Menschen daran, dass Wassernymphen für den Schutz des ihnen anvertrauten Gewässers zuständig sind und darauf achten, dass niemand es verschmutzt. Sie wurden sehr verehrt. Die Menschen damals lebten noch stärker im Einklang mit der Natur als viele von uns heute und waren sich deshalb sehr wohl darüber bewusst, wie wichtig Wasser zum Leben ist. Den Nymphen wird jedoch auch nachgesagt, dass sie gerne Männer verführen, worauf die männliche Gestalt am Brunnen anspielt. Der Gesang der Nymphen soll so betörend gewesen sein, dass ihm kein Mensch widerstehen konnte. Schon so manchen Fischer haben sie damit in ihr nasses Reich gelockt. Erregt man jedoch ihren Zorn, indem man in das Gewässer, das ihrem Schutz untersteht, allen möglichen Müll wirft, dann verwandeln sich die anmutigen Wesen angeblich in grässliche Gestalten. Es wird gemunkelt, dass sie mit den Naturgewalten im Bunde stehen, sodass es ganz leicht für sie sei, einen kräftigen Sturm heraufzubeschwören, in dem die Menschen in ihren Booten auf dem See kentern und ertrinken. Ein guter Grund, darauf zu achten, niemals Kaugummipapier oder gar eine leere Plastikflasche in den Bodensee zu werfen!

Der Arboner Nymphenbrunnen hat eine bewegte Zeit hinter sich. Nicht immer stand er an seinem heutigen Platz. Aber dafür können die Nymphen nichts, das unruhige Schicksal des Brunnens hat andere Gründe: Der Unternehmer Hippolyt Saurer gab die Skulptur zu Beginn des vorigen Jahrhunderts in Auftrag, um den neuen Betriebshafen seiner Firma damit

zu schmücken. Doch als er starb, schenkte seine Witwe den Brunnen der Ortsgemeinde und die stellte ihn auf der äußeren Hafenmole auf. Das geschah während des Zweiten Weltkriegs, als die Soldaten der Schweizer Armee am See Wache halten mussten. Eines Nachts wurden die Nymphen mit dreißig roten Rosen geschmückt. Ob die Blumen nur einer bestimmten Person gewidmet waren oder all den Frauen, die zuhause um ihre Männer bangten, ist nicht bekannt. Damals fanden aber die meisten Menschen die nackten Figuren unsittlich. Als immer mehr Beschwerden bei der Stadt eingingen, wurde der Brunnen deshalb im Gaswerk eingelagert.

So geht's zu den Nymphen:

Der Brunnen steht auf dem Rondell der alten Hafenmole parallel zum Adolph-Saurer-Quai.

Einige Jahre nach dem Krieg brach jedoch eine andere Zeit an. Die Menschen waren lebenslustiger; es wurde viel getanzt und gefeiert und auch der Brunnen wurde auf einer Wiese zwischen zwei Hotels wieder aufgebaut. Zehn Jahre blieb er an diesem Platz, dann musste er einem Parkplatz weichen. Noch einmal bewahrte man den Nymphenbrunnen im Gaswerk auf, bis er 1966 wieder an der Hafenmole aufgestellt wurde. Eines Morgens jedoch trugen die Nymphen Kleider! Warum das? Vielleicht meinte es jemand gut mit ihnen und wollte nicht, dass sie länger frieren mussten? Oder sollten die unsittlichen Nymphen endlich anständig aussehen? Wie auch immer, sie hatten die Kleider nicht lange an – nackt fühlen sich die Wasserwesen doch am wohlsten!

Manuela Klaas

 Wie viele Kilometer misst der Bodensee an seiner längsten Stelle?

a) 63 Kilometer b) 370 Kilometer c) 930 Kilometer

Gallusstein

Fußabdrücke eines Heiligen

Die Galluskapelle mit dem eingemauerten Stein.

Nanu! Wird sich manch einer denken, der die rohe Sandsteinplatte in Form eines abgerundeten Vierecks direkt neben der Tür der kleinen Galluskapelle in Arbon entdeckt. Auffällig ragt sie aus dem Gemäuer dieses ältesten noch bestehenden Gebäudes der Stadt heraus. Ganz und gar nicht auffällig sind hingegen die beiden Fußabdrücke in der Steinplatte. Um diese zu erkennen, muss man schon ganz genau hinsehen. Angeblich stammen sie vom heiligen Gallus, der im 7. Jahrhundert in Arbon starb. Wie sie in die Steinplatte kamen, ist eine lange Geschichte:

Gallus wuchs im fernen Irland auf. Seine Eltern waren sehr fromm, daher schickten sie ihren Sohn zur Ausbildung in ein Kloster. Dem jungen Gallus gefiel das strenge Leben in

Dieser Stein soll sich unter den Füßen des heiligen Gallus verformt haben.

der Mönchsgemeinschaft. Er las viel in der Bibel und verstand mit der Zeit immer besser, was ihm die Geschichten darin eigentlich sagen wollten. Von Irland kam er zusammen mit anderen christlichen Missionaren, also Mönchen, die ihren Glauben anderen Menschen nahebringen wollen, über das Meer aufs Festland. Als Gallus etwa dreißig Jahre alt war, weihte ihn der Abt Columban zum Priester. Columban und Gallus träumten beide davon, durch Europa zu ziehen und den Menschen, die ihnen begegneten, vom Christentum zu erzählen. So machten sie sich auf die Reise und kamen nach vielen Jahren auch nach Bregenz an den Bodensee.

In Bregenz verehrten die Einwohner, obwohl sie als Christen getauft waren, größtenteils wieder ihre alten Götter. Als das Volk ein Fest zu Ehren der heiligen Aurelia feierte, tauchten plötzlich Columban und seine Gefährten auf, um vom christlichen Glauben zu erzählen. Die Einheimischen ließen die Fremden gewähren, zumal Gallus fließend ihre Sprache, nämlich Alemannisch, sprach. Dabei redete sich Gallus jedoch wegen der am gleichen Ort aufgestellten Standbilder der heidnischen Gottheiten so in Wut, dass er sie zerschlug und ihre

Trümmer in den See warf. Die Bregenzer sahen dabei betroffen zu. Einige von ihnen bekannten danach ihre Sünden, andere verließen voller Zorn die Stätte. Columban aber segnete die Aurelia-Kirche und gab sie so dem christlichen Gottesdienst zurück. Viele Menschen hingen jedoch an ihrem alten Glauben und baten Herzog Gunzo von Überlingen um Hilfe. Dieser befahl den Mönchen, Bregenz zu verlassen.

Columban beschloss, nach Italien weiterzuziehen. Gallus sollte ihn begleiten. Doch der Mönch bekam hohes Fieber und konnte nicht reisen. Andere Überlieferungen sagen, sie hätten heftige Meinungsverschiedenheiten gehabt. So wanderte Columban allein über die Alpen. Gallus hingegen ruderte, als er wieder gesund war, nach Arbon.

So geht's zum Gallusstein:

Die kleine Galluskapelle steht hinter der Stadtkirche St. Martin. Die Fußabdrücke des heiligen Gallus finden sich auf einem mächtigen Feldstein, der in eine Mauernische neben dem Eingang der Kapelle eingelassen ist.

Die Freude über die Ankunft des Mönchs war riesig. Die Menschen dort hatten schon viel von seinen Predigten gehört. Man bat ihn, von Gott zu erzählen und von den wundersamen Geschichten, mit denen Jesus die Menschen belehrt hatte. Sieben Tage lang wurde Gallus gastfreundlich bewirtet, bis er unruhig wurde und es ihn zum Aufbruch drängte. Schließlich suchte er einen Platz, an dem er wieder mit dem klösterlichen Leben beginnen und den Menschen vom christlichen Glauben berichten konnte. Zusammen mit seinem Gefährten Hiltibold machte sich Gallus auf den Weg. Nach einer längeren Wanderung kamen die beiden an einen Fluss namens Steinach. Um zu beten, hielt Gallus Ausschau nach einem geeigneten Ort. Dabei stieß er mit dem Fuß an einen Dornbusch, stolperte und

fiel hin. Gallus verstand dies als Fingerzeig Gottes und baute an der Stelle mit Hilfe von Zimmerleuten eine Anlage mit einer Kirche und zwölf kleinen Häuschen. Hundert Jahre später entstand daraus das Kloster St. Gallen, um welches nach und nach die Stadt wuchs, die nach dem Heiligen benannt ist.

In hohem Alter kehrte Gallus noch einmal nach Arbon zurück, um den Menschen am See von Gott zu erzählen. Am dritten Tag seines Aufenthaltes wurde er nach dem Aufwachen von Fieberkrämpfen geschüttelt, an denen er zwei Wochen später starb.

Doch wie kommen nun die Fußabdrücke in den Stein? Es heißt, als Gallus zum letzten Mal in Arbon predigte, habe sich der Teufel in einen Bären verwandelt und auf jenem Stein mit dem Gottesmann gekämpft, denn er wollte nicht, dass der Mönch den christlichen Glauben verbreitet. In der Hitze des Kampfes habe sich der weiche Sandstein an den Stellen verformt, an denen der Heilige den Boden berührte, sodass seine Fußabdrücke auf ewig dort zu sehen wären. Die Überlieferung sagt, am Platz der heutigen Kapelle habe das Haus gestanden, in dem Gallus starb. Sein genaues Todesjahr ist nicht bekannt, es soll zwischen 627 und 660 liegen. Sicher weiß man jedoch den Todestag: Es ist der 16. Oktober, der deshalb zum Gedenktag für den heiligen Gallus wurde. Den geheimnisvollen Stein aber fügte man in die Mauernische der kleinen Galluskapelle in Arbon ein.

Manuela Klaas

 Wie lautete der lateinische Name Arbons zu Zeiten der Römer?

a) Arbor Clarus (lat. „berühmter Baum")
b) Arbor Felix (lat. „glücklicher Baum")
c) Arbor Altus (lat. „hoher Baum")

Trajektbrücke

Zuckerwasser für alle

An dieser Stelle fielen vier Waggons und eine Lok in den See.

Ohne ihn gäbe es keine Bonbons, Kuchen würde ziemlich fad schmecken und Schokolade würde kaum jemand essen. Die Rede ist von Zucker. Er ist aus dem alltäglichen Leben nicht mehr wegzudenken und steckt in erstaunlich vielen Lebensmitteln. Natürlich auch in Getränken. Was wäre etwa Limonade ohne Zucker?! Und im Bodenseewasser? Da hat er nun wirklich nichts verloren. Der See ist zwar bis zum Rand mit Süßwasser gefüllt, aber das bedeutet nicht, dass er mit Zucker gesüßt wird, sondern dass der Salzgehalt im Wasser sehr niedrig ist. Aber – wie so oft – gibt es auch hier eine Ausnahme. Vor mehr als 80 Jahren, im März 1930, gab es einen Tag, an dem das Hafenwasser von Romanshorn sehr, sehr süß schmeckte. Daran schuld waren eine zu steile Brücke, eine zu schwache Lokomotive und eine gehörige Portion Pech. Aber der Reihe nach:

Viele Menschen und Autos fahren heutzutage von Friedrichshafen aus mit der Fähre nach Romanshorn. Nach ungefähr 40 Minuten kommt der Hafen des Städtchens in Sicht. Kurz darauf kann man die Anlegestelle erkennen. Die Fähre schiebt sich zwischen gelb gestrichenen Holzpfeilern hindurch auf das Festland zu. Rechts und links von der Anlegestelle ragen zwei hohe Metallpfeiler mit jeweils einem leuchtend roten Rad in den Himmel. Sie stammen aus einer Zeit, als noch viel mehr Dinge mit dem Schiff über den Bodensee transportiert wurden. Getreide zum Beispiel, Tiere und Kohle – Güterverkehr, wie es die Erwachsenen nennen.

Viele Jahre wurden die Güter mit dem Zug bis ans Ufer gefahren, dann auf ein Schiff geladen und über den See in eine andere Stadt gebracht. Das war an sich eine gute Sache, weil man nicht mehr außen herum fahren musste. Aber die Waren vom Zug auf die Schiffe zu verladen, war eine sehr anstrengende Arbeit, sie dauerte lang und kostete obendrein eine Menge Geld. Also beschlossen ein paar Städte, eine Idee aus Großbritannien an den Bodensee zu holen. Dort gab es bereits Schiffe mit Schienen drauf. Sie hießen Trajektschiffe. Mit solchen Schiffen war der Transport viel einfacher: Auf sie konnte der Zug direkt auffahren, die Waggons wurden festgemacht, verschifft und auf der anderen Seite von einer Lok wieder an Land gezogen. So konnten viel mehr Dinge in kürzerer Zeit über das Wasser transportiert werden als bisher. Am 22. Februar 1869 war es in Friedrichshafen und Romanshorn so weit: Das erste Trajektschiff nahm seinen Dienst auf. Ab dann pendelten diese Schiffe, mit zeitweisen Unterbrechungen, mehr als 100 Jahre zwischen den beiden Städten hin und her.

Seitdem stehen am Romanshorner Hafen die Pfeiler mit den roten Rädern. Sie sind Teil der Trajektbrücke, über die die Waggons auf die Schiffe fuhren. Wie ihr euch sicher vorstellen könnt, war das keine ganz einfache Aufgabe. Zum einen brauchten die Waggons etwas Schwung, um auf die Trajektkähne zu gelangen. Zum anderen durften sie aber auch nicht zu schnell werden. Eine zwei Kilometer lange Strecke rollten die Waggons in Romanshorn den Hügel hinunter bis auf die Brücke. Eine Rangierlok half bei der Arbeit, aber das Bremsen mussten die Menschen erledigen. Dafür benutzen sie keilförmige Hemmschuhe aus Metall. Sie wurden während der Fahrt immer wieder vor die Räder der Waggons geschoben, um sie langsamer rollen zu lassen. Die Brücke führte direkt auf das Schiff. Wie steil oder flach sie war, hing vom Wasserstand ab. So gab es Tage, an denen viel Wasser im See war und die Züge gemütlich auf die Kähne rollten. Aber es gab auch Tage, an denen der Wasserstand niedrig war und die Wagen über eine steile Rampe fahren mussten.

> **So geht's zur Trajektbrücke:**
>
> Die Autofähre legt direkt an der ehemaligen Trajektbrücke an.

Einer dieser Tage war für die Romanshorner – vor allem für diejenigen, die damals noch zur Schule gingen – besonders aufregend. Am 10. März 1930 kam ein Trajektkahn aus

173

Friedrichshafen am Schweizer Ufer an. Der Wasserstand war besonders niedrig und die Brücke deswegen extrem steil. Zu steil für die Rangierlok. Sie wurde, wie immer, an die Wagen angekoppelt, um sie vom Schiff zu ziehen. Doch ihre Kraft reichte nicht aus. Sie zog und zog und zog – und auf einmal gab sie auf: Mit lautem Rattern zogen die schweren Waggons sie zurück, rollten über das Schiffsdeck hinweg und direkt in den Bodensee hinein. Vier Waggons und eine Lok waren innerhalb von Sekunden verschwunden. Bestimmt blieb den Hafenarbeitern bei diesem Anblick vor Schreck der Mund offen stehen.

Doch das ist es nicht allein, worüber diejenigen, die damals Schulkinder waren, auch heute noch schmunzeln. Drei der Waggons hatten Zucker geladen. Durch den Sturz öffneten sich ihre Türen und die winzigen weißen Körnchen lösten sich im Hafenbecken auf. Noch nie hatte das Wasser vor Romanshorn süßer geschmeckt! Drei Tage dauerte es, bis Lok und Waggons geborgen und wieder an Land waren. Und die Schulkinder? Die waren begeistert und tranken so viel Zuckerwasser, wie sie nur wollten.

Susanne Suchy

? Seit wann fährt die Eisenbahn bis Romanshorn?

a) 1702   b) 1855   c) 2007

Suppenturm
Mittagessen aus luftiger Höhe

Vom Balkon ließen die Soldaten im Ersten Weltkrieg einen Korb herunter.

Je höher oben, desto weiter die Sicht. Das ist eine ganz einfache Regel, die im Mittelalter – zur Zeit der Ritter, Burgen und Stadtmauern – genauso galt wie heute. Wer früh erkennen wollte, ob sich ein Feind nähert, suchte sich dafür meistens den höchsten Turm aus. So im Städtchen Romanshorn.

2014 ist es genau 100 Jahre her, dass sich viele Länder der Welt miteinander im Krieg befanden: Deutschland, Österreich, Bulgarien und der Türkei standen unter anderem Frankreich, Großbritannien, Russland und die USA gegenüber. Es war der Erste Weltkrieg. Mittendrin im Getümmel lag die Schweiz. Sie betrieb eine „Politik der Neutralität". Das bedeutet, dass sie für keine Seite Partei ergreifen und ihre Soldaten nicht in den Kampf schicken wollte. Die Schweizer waren nicht für einen Krieg, aber wachsam mussten sie natürlich trotzdem sein.

Besonders die Grenzen wurden streng bewacht. Da es im Krieg oft ungewiss ist, aus welcher Richtung der Feind kommen könnte, wurde auch nach Deutschland fleißig gespäht. Ein gutes Plätzchen dafür war der Turm der evangelischen Kirche in Romanshorn. Er ist 62 Meter hoch und bietet eine einmalige Sicht auf den See und seine Ufer. Außerdem hat er über dem Glockenstuhl und der Uhr, dort wo Balkone und Fenster eingebaut wurden, eine Turmstube. Dort standen die Soldaten und hielten Ausschau – den ganzen Tag. Sie durften ihren Posten nicht verlassen. Auch nicht, wenn sie Hunger hatten. Also wurde ihnen das Essen gebracht und das freute nicht nur die Soldaten, sondern auch einige Romanshorner Kinder.

Jeden Tag um die Mittagszeit ließen die Soldaten ein Seil vom Turm herunter. Unten befestigte ein anderer daran einen Korb mit dem Mittagessen und die Wachposten zogen sich ihre Mahlzeit nach oben. Dabei wurden sie oft beobachtet. Schließlich sind Soldaten nicht die einzigen, die wachsam sein können! Von so manchem Fenster aus blickten Kinder hinüber zum Turm. Wenn sie sahen, dass der Korb nach oben gezogen wurde, machten sie sich – zum Beispiel mit einer Milchkanne – auf den Weg. Warum? Im Krieg gibt es weniger zu essen. Es kommen nicht mehr so viele Lebensmittel aus anderen Ländern in die Läden und das, was es im eigenen Land gibt, reicht meistens nicht aus. Deshalb hatten auch in der Schweiz viele Menschen Hunger. Doch einige Kinder in Romanshorn hatten Glück. Die Soldaten, die im Turm Wache hielten, waren sehr freundlich und ließen meist von ihrem Mittagessen etwas übrig. Suppe habe es oft gegeben, heißt es in der Erinnerung eines Romanshorners. Er war eines der Kinder und stand beinahe jeden Tag am Turm. Wenn der kleine Junge Glück hatte, war auch noch etwas Gemüse und Fleisch in der Brühe. Wie einen wertvollen Schatz trug er die Suppe nach Hause. Manchmal war es so viel, dass auch die Eltern noch etwas davon essen konnten. Seitdem hat der Turm der evangelischen Kirche noch einen zweiten Namen: Suppenturm.

So geht's zum Suppenturm:

Die evangelische Kirche steht auf einer Anhöhe an der Ecke Bahnhofstraße/Neuer Kirchweg.

Susanne Suchy

Welche Stadt am Bodensee hat den größten Hafen?

a) Konstanz   b) Bregenz   c) Romanshorn

Geheimnis
50

Mocmoc
Eine Legende entsteht

Freundlich schaut Mocmoc die Menschen an.

Robin Hood ist eine Legende. Er soll im 13. Jahrhundert – also vor mehr als 800 Jahren – im Sherwood Forest gelebt haben, einem Wald nahe beim Städtchen Nottingham in England. Der König der Diebe bestahl die Reichen und gab die Beute den

Armen. Aber diese Tat allein hat ihn nicht zu einer Legende gemacht. Irgendwer hat seine Geschichte weitererzählt. Sie wurde aufgeschrieben, vorgelesen, neu aufgeschrieben und schließlich wurden sogar Filme darüber gedreht. Und nun kennt fast jedes Kind und jeder Erwachsene den mutigen Robin Hood. Genau das macht eine Legende aus: Sie überdauert die Zeit, weil sie von Generation zu Generation über viele Jahre hinweg weitergegeben wird.

Städte, die eine Legende haben – zum Beispiel darüber, warum sie so heißen, wie sie heißen – erzählen sie gern weiter. Denn es ist viel spannender, einen Namen mit einer Geschichte dahinter zu haben, als einfach nur einen Namen. Das haben sich auch die beiden Schweizer Künstler Marcus Gossolt und Johannes M. Hedinger gedacht. Sie sollten ein Kunstwerk für Romanshorn schaffen. Aber sie taten mehr als das. Sie erfanden eine Geschichte, die erzählt, wie die Stadt zu ihrem Namen kam. In ihrem Mittelpunkt steht Mocmoc, eine kleine, gelb-schwarze, drachenähnliche Gestalt, die seit dem 20. September 2003 auf dem Bahnhofsplatz steht. Das ist seine Geschichte: Vor sehr langer Zeit, als die Stadt noch ein Fischerdorf war, lebte dort ein kleiner Junge namens Roman. Jeden Morgen ruderte er mit seinem Boot auf den Bodensee hinaus, um Fische zu fangen. Eines Tages begegnete er dort Mocmoc, einem gelben Wesen mit großen, schwarzen Augen, Flossen und einem Horn auf dem Kopf. Als Roman sich von seinem ersten Schreck erholt hatte, erzählte ihm Mocmoc, woher es kam. Es sagte, es lebe schon seit Urzeiten tief unten im See und habe mit seinem Horn so manches Unheil von den Fischern ferngehalten. Roman und Mocmoc trafen sich von nun an jeden Tag und wurden dicke Freunde. Eines Tages, als sich die beiden gerade unterhielten, es war sehr früh am

Morgen und alle anderen im Dorf schliefen noch, blickte Roman hinüber zum Ufer und erschrak fürchterlich. Er sah ein Feuer: Es brannte im Dorf! Was sollte er bloß tun? Zurückrudern war zwecklos – bis er an Land ankommen würde, wäre der Ort bereits niedergebrannt. Da sagte Mocmoc: „Nimm mein Horn und blase hinein! Alle werden aufwachen und sich vor dem Feuer in Sicherheit bringen." Also brach Roman das Horn ab und blies kräftig hinein. Die Dorfbewohner wachten von dem lauten Ton auf und konnten den Brand rechtzeitig löschen. Von diesem Tag an hieß das Dorf Romanshorn. Mocmoc aber verschwand wieder im See. Dort musste es Hundert Jahre bleiben, bis ihm ein neues Horn gewachsen war. Und heute? Man sagt, schon so manches Kind habe im See etwas Gelbes herumschwimmen sehen.

So geht's zum Mocmoc:

Die Statue steht auf dem Bahnhofsplatz am Anfang der Bahnhofstraße.

Eine tolle Geschichte! Das fanden auch viele Bürger von Romanshorn und erzählten sie weiter. Sie freuten sich, dass sie nun endlich wussten, woher ihre Stadt einst ihren Namen bekommen hatte. Ein Konditor machte sogar kleine Mocmocs aus Schokolade und benannte einen Eisbecher nach dem Wesen. Und dann? Dann kam die Wahrheit ans Licht. Die Künstler hatten den Bewohnern der Stadt nicht erzählt, dass die Geschichte erfunden war. Viele Romanshorner waren darüber so wütend, dass sie die Mocmoc-Statue am liebsten wieder abreißen oder zumindest versetzen lassen wollten. Die Leute stritten und stritten, Politiker traten zurück und am Ende stimmte die Gemeinde ab. Am 17. Mai 2004 fiel die Entscheidung: Mocmoc durfte auf dem Bahnhofsplatz bleiben.

Und die Bürger? Manche ärgern sich noch darüber, aber die meisten haben sich an Mocmoc gewöhnt und noch mehr: Sie haben es längst liebgewonnen. Sie fanden sich damit ab, dass seine Geschichte nicht wahr ist. Aber ist das überhaupt so wichtig? Was denkt ihr? Wir wissen von vielen Legenden nicht, ob sie tatsächlich einen wahren Kern haben. Bei Robin Hood sind sich manche Historiker nicht mal sicher, ob es ihn wirklich gab. Den meisten Menschen ist das egal. Sie werden seine Geschichte trotzdem weitererzählen.

So berühmt wie der Held aus dem Sherwood Forest ist Mocmoc noch nicht. Aber vielleicht schafft es das Wesen, zu einer ebenso großen Legende zu werden. Die Chancen stehen nicht schlecht: Fast jedes Kind in Romanshorn kennt seine Geschichte und findet Mocmoc einfach nur „herzig".

Susanne Suchy

 Wo gibt es ein großes Bild von Mocmoc?

a) in der Unterführung am Bahnhof   *b) im Park*
c) im Schloss

Die Autorinnen

Eva-Maria Bast hat als dreifache Mutter viel Übung im Beantworten von neugierigen Kinderfragen. Und sie hat auch schon viele rätselhafte Relikte entdeckt und sich gefragt: Was ist das eigentlich? Welche Geschichte steckt dahinter? Gemeinsam mit ihren Co-Autorinnen hat Eva-Maria Bast bis Ende des Jahres 2014 genau 800 Geheimnisse in ganz Deutschland gelüftet. Und sie will immer weitermachen, denn Geheimnisse lüften, sagt sie, macht süchtig. Wenn sie gerade keine Geheimnisse aufdeckt, schreibt sie Romane oder arbeitet als Journalistin für die Zeitung. Eva-Maria Bast lebt in Überlingen.

Manuela Klaas findet nichts spannender, als verborgene Dinge zu entdecken. Ein wenig bedauert die dreifache Mutter, dass ihre Kinder diesem Forschungsdrang längst entwachsen sind. Aber sie kann sich noch gut an die Zeit erinnern, in der sie für die eigenen Kinder auf Spurensuche ging. Denn nichts ist so aufregend, wie ein echtes Geheimnis – und dies zählt nicht allein für Kinder! Dabei ist es ihr wichtig, Spannung, Geheimnis und Geschichtswissen zu vermitteln. Wenn sie gerade nicht auf Spurensuche ist, schreibt sie für die Zeitung. Manuela Klaas lebt in Daisendorf.

Susanne Suchy wohnt noch nicht sehr lange am Bodensee. Gerade deshalb war es für die junge Mutter und Journalistin besonders spannend, den Geheimnissen ihrer neuen Heimat nachzuspüren. Sie hat den Bodensee so von einer ganz besonderen Seite kennengelernt. Die gelüfteten Geheimnisse für Kinder aufzuschreiben und sich in ihre Welt hineinzuversetzen, war für sie eine Herausforderung und hat ihr großen Spaß gemacht. Wenn sie gerade nicht die Geheimnisse des Bodensees erkundet, schreibt die Redakteurin für Zeitungen und Magazine. Susanne Suchy lebt in Bermatingen.

Danksagung

Geheimnisse sind ständig einer Gefahr ausgeliefert. Der Gefahr, vergessen zu werden. Ohne Menschen, die ihr Wissen zum rechten Zeitpunkt weitergeben, würden enorme Schätze für immer verloren gehen. Wir danken all jenen, die ihr Wissen mit uns geteilt und sich viel Zeit genommen haben, um uns auf unserer Spurensuche zu begleiten. Das sind:

Günter Ackermann, Fridolin Altweck,
Alois Ambauen, Rosmarie Auer, Alexander Belard,
Katrin Bender, Wilderich Graf von und zu Bodman,
Josef Büchelmeier, Oswald Burger, Nina Busse,
Barbara Camenzind, Werner Dobras, Jutta-Maria Ebersbach,
Paul Engeli, Achim Fenner, Karl F. Fritz, Ursula Gentsch,
Marcus Gossolt, Daniel Gross, Ingrid Günther,
Johannes M. Hedinger, Florian Heitzmann, Lieselotte Huber,
Heinz Hug, Dr. Hans-Christoph Junge,
Mag. Thomas Klagian, Barbara Koch, Lisbeth Krezdorn,
Stefan Krummenacher, Richard Lehner, Margret Meier,
Manfred Müller, Julia Naeßl-Doms, Nestlé Suisse S.A.,
Günter Sauter, Konrad Schatz, Peter Schmidt,
Hans-Dieter Schmidt, Astrid Schödel,
Sibylle Luise Schroff, Sylvi Sperling, Christoph Sutter,
Heike Thissen, Thomas Vogler,
Markus Vonderstraß, Toni Wasowicz, Karl Wehrle,
Karl-Hermann Weidemann, Dietrich Welz,
Hans-Jörg Willi, Monika Wissing, Stadtarchiv Bregenz,
Stadtarchiv Lindau, Priorat Birnau.

Lösungen der Rätselfragen

Geheimnis 01: **b)**   *Geheimnis 02:* **b)**   *Geheimnis 03:* **b)**

Geheimnis 04: **a)**

Geheimnis 05: **c)** Der erste Dampfer „Max Joseph" kreuzte zwar schon am
5. Dezember 1824 über den See, aber der regelmäßige Betrieb wurde erst 1832
mit den Dampfern „Leopold" und „Helvetia" aufgenommen.

Geheimnis 06: **c)**   *Geheimnis 07:* **a)**   *Geheimnis 08:* **c)**

Geheimnis 09: **b)**   *Geheimnis 10:* **b)**   *Geheimnis 11:* **c)**

Geheimnis 12: **a)**   *Geheimnis 13:* **a)**   *Geheimnis 14:* **b)**

Geheimnis 15: **b)**   *Geheimnis 16:* **a)**   *Gcheimnis 17:* **c)**

Geheimnis 18: **c)**   *Geheimnis 19:* **a)**

Geheimnis 20: **a)** Aber an der Antwort c) ist auch etwas Wahres dran: Es gibt
in Überlingen tatsächlich viele Höhlen und auch ein abenteuerliches Netz an
unterirdischen Tunneln. Den Eisenbahntunnel musste man aber trotzdem aus
dem Stein heraussprengen.

Geheimnis 21: **b)** Überlingen ist ein anerkanntes Kneippheilbad. Wobei es in
Überlingen natürlich auch gutes Eis und sehr nette Menschen gibt.

Geheimnis 22: **b)**   *Geheimnis 23:* **b)**   *Geheimnis 24:* **b)**

Geheimnis 25: **a)**   *Geheimnis 26:* **c)**   *Geheimnis 27:* **a)**

Geheimnis 28: **a)**   *Geheimnis 29:* **a)**

Geheimnis 30: **b)** Die Bodensee-Gürtelbahn wurde nach der deutschen Eini-
gung 1871 geplant und in zwei Etappen (Radolfzell–Überlingen 18. 08. 1895
und Überlingen–Friedrichshafen 01.10.1901) eröffnet.

Geheimnis 31: **b)**   *Geheimnis 32:* **c)**   *Geheimnis 33:* **b)**

Geheimnis 34: **c)**   *Geheimnis 35:* **b)**   *Geheimnis 36:* **a)**

Geheimnis 37: **c)**   *Geheimnis 38:* **b)**   *Geheimnis 39:* **c)**

Geheimnis 40: **c)**   *Geheimnis 41:* **a)**   *Geheimnis 42:* **b)**

Geheimnis 43: **a)**   *Geheimnis 44:* **a)**   *Geheimnis 45:* **b)**

Geheimnis 46: **a)**   *Geheimnis 47:* **b)**   *Geheimnis 48:* **b)**

Geheimnis 49: **c)**   *Geheimnis 50:* **a)**

Literatur, Quellen und Fotos

Altweck, Fridolin:
„Volkssagen unserer Heimat." In:
Daheim im Landkreis Lindau, Konstanz
1994, S. 224.

Amtsblatt der Eisenbahn-Generaldirektion
Stuttgart vom 30. Mai 1922.

Antoni, Richard:
Leben und Taten des Bischofs Pirmin.
Reichenauer Texte und Bilder 9. Zweite,
erweiterte Auflage, Heidelberg 2005, S. 29,
S. 37, S. 73 ff.

Autorengemeinschaft:
Die Bregenzer Gulaschbrücke, limitierte
Sonderauflage, Bregenz 1991, S. 28 f., S. 31.

Bäckert, Horst:
Die Lindauer Fasnacht – Festschrift zum
großen Narrensprung, 1. Auflage, Lindau
1973, S. 15 ff.

Bast, Eva-Maria; Blust, J.:
Geheimnisse der Heimat, 50 spannende
Geschichten aus Friedrichshafen. Konstanz
2013, S. 48 ff., S. 56 ff., S. 75 ff.

Bast, Eva-Maria; Thissen, H.:
Geheimnisse der Heimat. 50 spannende Geschichten aus Überlingen, Band 1. Konstanz
2011, S. 18 ff., S. 65 ff., S. 132 ff.

Bast, Eva-Maria; Thissen, H.:
Geheimnisse der Heimat, 50 spannende
Geschichten aus Überlingen, Band 2, Über-
lingen 2013, S. 75 ff.

Bast, Eva-Maria; Thissen, H.:
Geheimnisse der Heimat. 50 spannende Geschichten aus Konstanz, Band 1. Konstanz
2011, S. 25 ff., S. 158 ff.

Bast, Eva-Maria; Thissen, H.:
Geheimnisse der Heimat. 50 spannende Geschichten aus Konstanz, Band 2. Überlingen
2013, S. 12 ff., S. 19 ff., S. 54 ff.

Berner, Dr. Herbert:
Radolfzell. Das Tor zum Bodensee. Radolfzell 1952, S. 35, S. 37 f.

Berschin, Walter; Hellmann, Martin:
Hermann der Lahme. Reichenauer Texte und
Bilder 11, Heidelberg 2005, S. 7 ff., S. 26 ff.

Berschin, Walter (Hrsg):
Hermann der Lahme. Opusculum Herimanni.
Reichenauer Texte und Bilder 14, Heidelberg
2008, S. 9 f.

Bikeline-Radtourenbuch:
Bodensee-Radweg. 16. überarbeitete Auflage
Rodingersdorf 2010.

Blumeninsel Mainau GmbH; Internationale
Historische Kommission zur Erforschung des
Deutschen Ordens (Hrsg.):
Kreuz und Schwert. Mainau 1991, S. 194–197.

Borst, Arno:
Computus. Zeit und Zahl in der Geschichte
Europas. Berlin 2013, S. 72 f., S. 103 f.

Borst, Arno:
Mönche am Bodensee. Sigmaringen 1985,
S. 107 ff.

Braumann-Honsell, Lilly:
Kleine Welt – Große Welt. Konstanz 1938,
S. 59–61.

Burmeister, Karl Heinz; Tschaikner, Manfred:
Die fuggerische Herrschaft Wasserburg und
die Hexenverfolgungen. Lindenberg 2008.

Com&Com:
Chronologie der Ereignisse rund um Mocmoc.
URL: www.mocmoc.ch. (unter Chronologie).
Stand: 28.12.2013.

Com&Com:
Mocmoc (2003–2008). Werkbeschreibung.
URL: www.com-com.ch/de/archive/detail/1.
Stand: 4.1.2014.

Com&Com:
Das ungeliebte Denkmal. URL: www.youtube.
com/atch?v=bkFM7IJxwfyk. Stand: 4.1.2014.

Dées de Sterio, Alexander und Johanna:
Die Mainau – Chronik eines Paradieses.
Stuttgart/Zürich 1977, S. 28 ff., S. 36,
S. 38 ff., S. 50 ff., S. 63 ff.

Die Bischöfe von Konstanz. Geschichte und Kultur II. Friedrichshafen 1988, S. 129.

Denkschrift zur Eröffnung des neuen Reichs-, Post- u. Telegrafengebäudes in Konstanz am 25. April 1891. Konstanz 1891, S. 9 f.

Dobras, Werner:
„Geschichte der Stadt Lindau." In:
Daheim im Landkreis Lindau. Lindau 1994, S. 105.

Dobras, Werner:
Zur Geschichte von Wasserburg am Bodensee. Weiler im Allgäu 1997, S. 17 f.

Dobras, Werner/Urbanzyk, Michael:
Die Geschichte der Lindauer Straßennamen. Lindau 1979, S. 25.

Ebner, Uwe:
„Historie der Wasserversorgung in Friedrichshafen." Technische Werke Friedrichshafen GmbH, Friedrichshafen o. J.

Ege, E.:
Geschichte der Insel Mainau. Konstanz 1958, S. 21 ff.

Ege, E.:
Geschichte des Deutschritterordens. Konstanz 1958, S. 86 ff.

Eisenbahnfreunde Zollernbahn. URL: www. eisenbahnfreunde-zollernbahn.de. Stand: 14. Januar 2014.

Elsensohn, Franz:
Sagenhaftes Bregenz. Götzis 2010, S. 73–83.

Fenner, Achim; Honsel, G.:
Stadtführer Radolfzell. Radolfzell 1990, 2. erweiterte Auflage, S. 12, S. 17, S. 29.

Guggenheim, Gilgi; Tschirky, Marius:
Mocmoc – Die Legende. Nach einer Idee von Marcus Gossolt und Johannes M. Hedinger (Com&Com). URL: www.mocmoc.ch (unter Legende). Stand: 28.12.2013.

Harder-Merkelbach, Marion:
Das Geheimnis des Honigschleckers – Joseph Anton Feuchtmayer, Ein Bildhauerleben am Bodensee. Konstanz 2003, S. 67.

Heiligenlexikon:
Bernadette Soubirous. URL: www.heiligenlexikon.de/BiographienB/Bernadette_Soubirous_Marie_Bernard.htm. Stand: 17.1.2014.

Historisches Lexikon Bayerns. URL: www. historisches-lexikon-bayerns.de/artikel/artikel_45479. Stand: 09.09.2010.

Historisches Lexikon der Schweiz. URL: www.hls-dhs-dss.ch/textes/d/D8926. php?topdf=1. Stand: 17. Oktober 2013.

Hug, Heinz:
„Wachsame Augen. Von Hoch- und anderen Wächtern im alten Konstanz." In:
Konstanzer Almanach, XXXIX. Jahrgang. Konstanz 1993. S. 70–73.

Humpert, Prof. Dr. Theodor:
„Haus Eilandsfrieden auf der Insel Reichenau." In:
Hegau – Zeitschrift für Geschichte, Volkskunde und Naturgeschichte des Gebietes zwischen Rhein, Donau und Bodensee, Heft 1/2 (23/24). Lindau und Konstanz 1967, S. 248 ff.

Industrieverband Agrar:
Mutterkorn. URL: www.iva.de/profil-online/umwelt-verbraucher/mutterkorn-ein-giftiger-getreidepilz-%E2%80%93-frueher-gefuerchtet-heute-unter-kontrolle, Stand: 12.08.2010.

Internationale Gewässerschutzkommission für den Bodensee:
Bodensee-Daten. www.igkb.org/der-bodensee/seedaten/ Stand: Juni 2004.

John, Timo:
Die Klosterinsel Reichenau im Bodensee. Wiege der abendländischen Kultur. Beuron 2006, S. 14 f.

Katholische Kirche Vorarlberg:
Ein bisschen Lourdes für Bregenz. URL: http://www.kath-kirche-vorarlberg.at/organisation/kirchenblatt/artikel/ein-bisschen-lourdes-fuer-bregenz. Stand: 5.9.2013.

Kramer, Ingrid; Altweck, Fridolin:
500 Jahre Antoniuskapelle. Bodolz 1992.

Kuhn. Margit:
„Sau-Toni, Rochus und die Pest." In:
Obernburger Geschichten, Heimat- und Ver-
kehrsverein Obernburg. Obernburg 2004.

Lehner, Richard:
Badhütte Rorschach. Geschichte(n) über dem
Wasser. Zweite Auflage, Rorschach 2003,
S. 61, S. 86 ff.

Lindauer Zeitung, 5. April 1967.

Lindauer Zeitung, 23. Oktober 2010.

Löschner, Tina:
Der weiße Maulbeerbaum der Insel Reichenau. URL: www.swr.de/swr4/bw/regional/
bodensee/-/id=258858/nid=258858/
did=11555914/114tse9/index.html. Stand:
10.6.2013.

Maier, Fritz:
Friedrichshafen – Ein Heimatbuch I. Friedrichshafen 1983, S. 124 ff., S. 194 f., S. 323 ff.

Mann, Golo:
„Die Napoleoniden auf Arenenberg." In:
Du: Kulturelle Monatsschrift, Band 24. o. O.
1964, S. 38 ff.

„Meersburg a.B./Neues Schloss", Kleine
Kunstführer, München und Zürich, 2. neube-
arbeitete Auflage 1991.

Merkle, Meinrad:
Aus den Papieren des in Bregenz verstorbe-
nen Priesters Franz Joseph Waitzenegger.
Innsbruck 1839, S. 266 f.

Messerschmid, Max:
„Buchhorn und Hofen im Dreißigjährigen
Krieg." In:
Schriften des Vereins für Geschichte des
Bodensees und seiner Umgebung. Friedrichs-
hafen 1971, S. 23 ff.

Messerschmid, Max:
„100 Jahre Eisenbahntrajekt Friedrichshafen-
Romanshorn." In:
Schriften des Vereins für Geschichte des
Bodensees und seiner Umgebung, Heft 87.
Friedrichshafen 1969, S. 110–123.

Messerschmid, Max:
175 Jahre Friedrichshafen. Friedrichshafen
1986, S. 28–30.

Möking, Bernhard:
„Sagen und Schwänke vom Bodensee",
3. Auflage, Konstanz 1964. S. 134, S. 169,
S. 178.

Museumsverein Meersburg:
„Der Teufel von Meersburg." In:
Meersburger Spuren. Friedrichshafen 2007,
S. 128 ff.

Naessl, Hubert:
Die Meersburg. Überarbeiteter Nachdruck
2002 des Großen Kunstführers, Band 14.
Regensburg 1954, S. 8.

Nasa:
Apollo 11. www.nasa.gov/mission_pages/
apollo/missions/apollo11.html#.UrWqYLS-
DmSo. Stand: 19.9.2013.

Nestlé Suisse S. A./Suchy, Bild S. 161

Nöllert, Andreas und Christel:
Die Amphibien Europas. Stuttgart 1992,
S. 306.

Osterwalder, Josef:
„Biografie des heiligen Gallus." In:
Materialien für den Religionsunterricht. St.
Gallen 2012, S. 121–145.

Pädagogische Werkstatt:
Apollo 11 – Die Mondlandung 1969. www.
lehrerweb.at/materials/sek/ph/mondlan-
dung_1969/rakete.htm. Stand: 5.1.2014.

Pressestelle Ordinariat Würzburg:
Interview mit Generalvikar Hillenbrand zur
Verehrung des heiligen Antonius. Würzburg
2011.

Schweizer, Karl:
Sagenhaftes Lindau. 3. Auflage, Lindau
2006, S. 27 ff.

Staiger, Franz Xaver:
Die Insel Reichenau im Untersee. Konstanz
1860, S. 54 f., S. 61 f.

Stiftung Sozialwerk St. Georg:
St.-Georgs-Legende, Gelsenkirchen. URL:
www.sozialwerk-st-georg.de/ueber-uns/
das-unternehmen/st-georgs-legende/.
Stand: 17.1.2014.

Südkurier, 7. Mai 1956.

Südkurier, 20. Oktober 1987.

Südkurier, 22. Oktober 1987.

Südkurier:
Geschichtsstunde im Schloss. URL: www.
suedkurier.de/region/kreis-
konstanz/bodman-ludwigshafen/
Geschichtsstunde-im-Schloss;art37243
4,5177702. Stand: 12.1.2014.

Swiss Television SF 1:
10 vor 10, 10. Februar 2004. www.youtube.
com/watch?v=ybmtMtADBWo.
Stand: 2.6.2011.

Verkehrsverein Romanshorn (Hrsg.):
Eine Prise Romanshorn. Romanshorn 2003,
S. 30 f., S. 128 f.

Vonbun, Franz Josef: Die Sagen Vorarlbergs.
Innsbruck 1858, S. 90 f.

WDR: Quarks & Caspers:
Das Mittelalter – 7 Dinge, die Sie wissen
sollten. Sendung vom 22.10.2013.

Weidemann, Karl-Hermann:
Die Teuringer Talbahn von 1919 bis 1960,
unveröffentlicht.

Wenzel, Horst:
Hören und Sehen, Schrift und Bild, Kultur
und Gedächtnis im Mittelalter. München
1995, S. 237.

Wikipedia:
Arbon. URL: http://de.wikipedia.org/wiki/
Arbon, Stand: 15.01.2014.

Wikipedia:
Bernadette Soubirous. URL: http://
de.wikipedia.org/wiki/Bernadette_Soubi-
rous. Stand: 15.11.2013.

Wikipedia:
Bregenzer Festspiele. URL: http://
de.wikipedia.org/wiki/Bregenzer_Festspie-
le. Stand: 21.12.2013.

Wikipedia:
Honigschlecker. URL: http://de.wikipedia.
org/wiki/Honigschlecker. Stand: 14.11.2013.

Wikipedia:
Merowinger. URL: http://de.wikipedia.org/
wiki/Merowinger. Stand: 28.1.2014.

Wikipedia:
Ruine Altbodman. URL: http://
de.wikipedia.org/wiki/Ruine_Altbodman.
Stand: 4.1.2014.

Wikipedia:
Wasserburg. URL: http://de.wikipedia.
org/wiki/Wasserburg_(Bodensee). Stand:
10.01.2014.

Willi, Franz:
Geschichte der Stadt Rorschach und des
Rorschacher Amtes. Rorschach 1947, S. 39 f.

Wolfart, Karl:
Geschichte der Stadt Lindau im Bodensee,
2. Band. Lindau 1909, S. 125–131, S. 350 f.

„Wundersame Objekte im öffentlichen
Raum." URL: http://www.bodensee-
vorarlberg.com/multimedia/Broschueren/
Bregenzerleben-2010.dist.pdf. Stand:
16.12.2013.

Zeitfrauen:
„Unsittliche Nymphen." In:
Frauenstadtrundgang, Arbon 2012.

Ziele am Bodensee:
Diebsturm Lindau. URL: www.ziele-am-
bodensee.de/de/lindau/diebsturm.htm.
Stand: 18.1.2014.

Zimdars, Dagmar: Drei Kirchen im Gemüse-
beet. Lindenberg im Allgäu 2012, S. 12,
S. 33, S. 80.

Zintz, Klaus; Löffler, Herbert; Schröder, Heinz
Gerd: Der Bodensee – Ein Naturraum im Wan-
del. Ostfildern 2009, S. 15 ff., S. 30 ff.

Haftungsausschluss

Trotz intensiver Gespräche mit unseren Gesprächspartnern, gewissenhafter Literaturrecherche und aufmerksamem Korrekturlesen erheben wir weder einen Anspruch auf Vollständigkeit noch auf Fehlerlosigkeit. Wir haben streng darauf geachtet, keine Urheberrechte zu verletzen, unsere Recherchen sind nach bestem Wissen und Gewissen erfolgt. Dennoch übernehmen wir keinerlei Gewähr für die Aktualität, Korrektheit oder Vollständigkeit der bereitgestellten Informationen. Haftungsansprüche gegen uns schließen wir grundsätzlich aus.